JOAQUIN MIRET Y SANS

NÉGOCIATIONS

DE

PIERRE IV D'ARAGON

AVEC LA COUR DE FRANCE

(1366-1367)

Extrait de la *Revue Hispanique*, tome XIII

NEW YORK, PARIS

1905

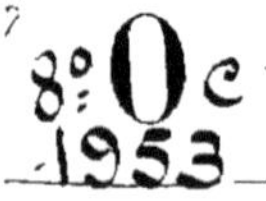

à la Bibliothèque Nationale
de Paris,

Joaquin Miret y Sans

Paris, juin de 1906

NÉGOCIATIONS
DE
PIERRE IV D'ARAGON
AVEC LA COUR DE FRANCE

(1366-1367)

MACON, PROTAT FRÈRES, IMPRIMEURS.

JOAQUIN MIRET Y SANS

NÉGOCIATIONS

DE

PIERRE IV D'ARAGON

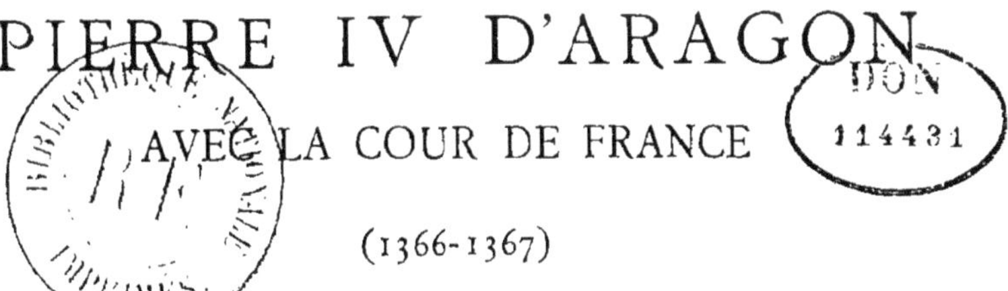

AVEC LA COUR DE FRANCE

(1366-1367)

Extrait de la *Revue Hispanique*, tome XIII

NEW YORK, PARIS

1905

NÉGOCIATIONS

DE

PIERRE IV D'ARAGON

AVEC LA COUR DE FRANCE

(1366-1367).

Le récit substantiel des faits qui sont l'objet de cette étude a été écrit primitivement par Ayala, Froissart, et, d'une manière plus sommaire, dans la Chronique de Pierre IV. Deux siècles plus tard, Zurita, utilisant les Archives de la Couronne d'Aragon, donna de plus amples détails pour la partie catalane ; plus tard encore, Dom Vaissette, dans l'*Histoire générale de Languedoc*, amplifia la connaissance de ces affaires politiques du côté français. Telles sont, à peu près, les seules sources des ouvrages modernes qui traitent spécialement ou incidemment des alliances et des guerres ayant eu pour but la chute de Pierre de Castille et la dissolution de son entente avec l'Angleterre et la Navarre, entente aussi redoutable pour la France que pour l'Aragon.

Autant que nous pouvons le savoir, on n'a pas encore publié les documents de la chancellerie aragonaise qui jettent une lumière nouvelle et très vive sur ces affaires. Ni Lafuente, ni Balaguer, ni Bofarull, ni le plus récent historien castillan de Pierre le Cruel, M. Juan Catalina García, n'ont fait de recherches spéciales sur les négociations qui préparèrent la conquête de la couronne de Saint Ferdinand et d'Alphonse le Savant en faveur d'Henri de Trastamare. Le seul auteur qui ait signalé et utilisé — d'ailleurs dans une très faible mesure — les documents de la dite chancellerie est Prosper Mérimée dans son *Histoire de Don Pèdre Ier roi de Castille*. Si le regretté Siméon Luce avait achevé son *Histoire de Du Guesclin*, il aurait sûrement fait de sérieuses recherches sur les relations de son héros avec le roi d'Aragon et le bâtard castillan.

Nous nous proposons de présenter ici les documents trouvés dans les registres de la chancellerie de Barcelone. Leur ensemble permet de connaître avec plus d'exactitude et de précision non seulement les actes qui amenèrent la chute de Pierre de Castille et réduisirent à l'impuissance Charles de Navarre au profit commun de la France et de l'Aragon, mais aussi et surtout l'importance capitale que ces affaires eurent à la dernière de ces cours, qui traversa alors la période la plus critique et la plus compliquée de tout le XIVe siècle, importance parfaitement comprise par Pierre IV, dont ces mêmes documents montreront l'activité, l'agitation, et les frayeurs qui l'assaillirent pendant plus de trois ans.

Nous prenons les choses au moment où Charles de Navarre, craignant l'arrivée prochaine des Compagnies anglo-gasconnes engagées par le roi d'Aragon pour venir à bout de son rival et donner la couronne de Castille à son allié Henri de Trastamare, montre qu'il veut non seulement maintenir, mais même resserrer les liens d'amitié qui l'unissent à Pierre IV.

Pierre entama volontiers de nouvelles négociations, et sans renoncer à la coopération de ces bandes de pillards ni au maintien de l'entente secrète avec la France, dirigée contre la Navarre, il sut amener Charles à une neutralité assez vague mais qui, pourtant, suffisait à rendre aisée l'invasion de la Castille.

Le résultat de ces relations diplomatiques fut la convention signée et jurée à Barcelone par le roi et la reine d'Aragon, le 11 décembre 1365, vingt jours avant l'arrivée des Compagnies. Le texte original de ce traité fut livré le jour même à Jean Ramirez de Arellano pour qu'il le portât sans retard en Navarre.

Voici la partie la plus intéressante de ce document :

Capitols ordonats sobre algunes couinençes que son tractades esser fetes entre lo Rey Darago duna part et lo Rey de Nauarra de laltra.

Primerament que los dits reys Daragó et de Nauarra sien bons amichs et facen obres damichs la I. al altre e quel I. contra laltre de si ne de son Regne ne de ses gents no faça ne tracte ne percur mal ne dampnatge..... e que aquesta amistat sia ferma et jurada per cascun dels dits Reys axi be et segrament con fer se puga, duradora de vida dells et de lurs successors ». Le roy d'Aragon « dará sots les condicions et formes deius escrites per manera dacostament al fill primogenit del Rey de Nauarra per aytant de temps quant volra esser acostat et penre aquest acostament Mil florins per cascun mes... los quals li assignara en certs castells o lochs en aquella manera que sia rahonable et quel dit infant faça per lo dit acostament sagrament et homenatge al Rey Darago segons quen semblant cas es acustumat de fer.

Item li dara sou per a VI de cauall es a saber XV florins per cascun mes et per cascun de cauall aytant que la guerra durara entrels Reys Darago et de Castella.... e que de present que la guerra sia començada vbertament et palesa sis vol per entrar en Castella ab los dits DC. de cauall ensemps ab les companyes et ab los Comtes de Trestamara et de Denia sis vol en altra manera pus que començada sia palesament et vberta se paguen XXXmil florins qui naien en paga del dit acostament.... e quel dit infant o son tudor qui tenra son peno entre en Castella en aiuda et seruey del Senyor Rey ab los dits DC. de cauall et ab les gents del senyor Rey et ab les dites Companyes et que façen guerra dins Castella palesament et vberta et tot aquell mal et dampnatge que poran et quel peno del dit infant sia sens tota diferencia ayral con es lo del Rey de Nauarra seruin al Rey Darago de tot son poder contral rey de Castella e trametra lo dit Infant o son tudor desafiaments al Rey de Castella per si et per sos valedors...

Empero per colorar lo rey de Nauarra de la pau en que es ab lo Rey de Castella que aquesta obligació del dit Rey de Nauarra sia secreta e quels encartaments estiguen en poder del archabisbe de Saragosa fins quel Rey de Nauarra sia palesament en la guerra o que ell o ses gents fossen lo contrari.

Aucun des deux contractants ne pourra, une fois la guerre commencée, signer de traités de paix avec la Castille sans le consentement de l'autre; la rémunération du secours du Navarrais consistera en 30.000 florins que Pierre lui paiera en deux annuités égales. Enfin, pour garantir l'accomplissement des stipulations,

daran los dits reys la I. al altre bones rahenes de castells e de lochs duraderes per V. anys, si donchs en lendemig los dits Reys nos sauenien de abreuiar lo temps e de tot soltar e per aço faran los dits Reys sagrament, homenatge e altres seguretats dels quals se auendran. E los castells e lochs que dara en rahenes lo Rey Darago son aquestes : Uncastiello, Sos, Cercastiello, Sadaua, Candalaiub; e los que dara lo Rey de Nauarra son aquests : Galipenso, Burgi, Santacara, Arguedes, Moriello frio...

Huius modi capitula fuerunt firmata et jurata per dominum rex (*sic*) die jouis XI mensis decembre anno a Natiuitate Domini MCCCLX quinto.

Le même jour, Pierre écrit une lettre à Charles pour l'informer de la remise du traité ; il lui en adressa peu après une seconde dans laquelle il s'engageait formellement à ne permettre en aucune manière que les Compagnies puissent causer le moindre dommage à la Navarre. Il semble que ledit document ne parvint pas au destinataire, à en juger par un billet de Pierre daté de Barcelone, 1er janvier 1366 : « Cierto es que por Jaime Conesa (le protonotaire) fueron liurados a Sancho Ramirez scudero del dicto don Juan Remirez, el qual Sancho dize que por I. home suyo del dicto don Juan los envió enta Novales. »

Charles écrivit à Pierre en lui manifestant quelque méfiance et lui envoya Jean Testador avec des modifications et des éclaircissements à leur traité. Le roi d'Aragon, qui voulait à tout prix que le Navarrais demeurât tranquille, le rassura le 8 janvier :

Muy caro hermano, vuestra letra hemos recibido de creyentia comendada a Johan Testador qui nos ha dito vos respondemos que nos tenemos en nuestra voluntat de seer con vos todos tiempos asi como hermano et buen amigo et guardar por vos et por vuestras gentes et valedores et ayudadores vos et vuestras tierras assi como las nuestras mismas sin alguna diferencia. Creyendo firmamente que vos guardariades siempre et guardariedes por vos et por vostras gentes ayudadores et valedores nos et nostras tierras.... Nos somos muyt occupados en estos afferes que hauemos e desembargar con estos contes et barones qui deuen fer por nuestro seruicio entrada en Castilla, assi que sin turbacion de los dictos aferes, no podriamos entender en algunos otros.... mas luego que sea venido don Johan Remirez de Arellano el qual es agora con vos et qui dize venir a nos segunt dize el dicto Johan Testador et dezir a nos vuestra entencioclaramente, nos la hora vos respondremos.

Grâce à cette vaine promesse, Charles, qui avait en Pierre

d'Aragon un digne rival pour la ruse et la mauvaise foi, resta inactif pendant quelques semaines, le temps nécessaire pour ne pas entraver l'invasion de la Castille.

Pierre IV réussit donc à isoler son terrible *colombroño* au moment où s'élevaient de tous côtés des cris de vengeance, et il y réussit sans rompre les pourparlers qu'il avait engagés avec la cour de France pour obtenir aussi la perte du Navarrais à la première occasion.

Pendant ce temps, on faisait à Barcelone des préparatifs de toute sorte pour la prochaine arrivée des Compagnies. Par lettre du 2 décembre, le roi faisait venir à la Cour son majordome Don Pedro Jordan de Urries, afin de donner toute solennité à la réception de Du Guesclin et de ses capitaines; il écrivit aussi à Don Juan de Verdeyo, officier de la vaisselle : « Com per grans convits et festes que hauem a fer als barons qui venen en nostra ajuda sia molt necessari que vos hic siats per servir vostre offici.... vingats a nos de continent per servir lo rebost nostre. »

Le 29 du même mois (décembre) il ordonnait à tous ses gouverneurs et officiers de prêter aide et protection à « Adam Xarvende, qui es escuder et familiar de Mossen Bertrañ de Claqui (*Du Guesclin*), capita de les Companyes de Ffrancia qui venen en nosta ajuda e sen va de cami a Saragoça per apperellar viandas ».

Zurita et Dom Vaissette (et les notes de l'édition Privat) ont expliqué le passage des Compagnies à travers le Languedoc, le Roussillon et la Catalogne et leur arrivée aux frontières de Castille. Nous ajouterons quelques détails sur la présentation à Pierre IV, dans Tarragone, le 5 février 1366, de Du Guesclin et des principaux capitaines; ces détails se trouvent dans la lettre adressée par le roi au Gouverneur du Roussillon, Arnau de Orcau (6 février). Le roi dit qu'il reçut la visite des « Comtes de Longaville et de la Marca et Huch de Cauvilay, lo senyor de Beuiu (*le sire de Beaujeu?*) et gran res de tots los grans capitans de les Companyes qui son vengudes a nostre servey et ab gran voluntat et ab belles paraules han nos dit que ells son venguts a nostre servey per fer la entrada en Castella... e que be veen que nos los hauem complit totço quels hauem promés et feta gran honor, pero que sils voliem acorrer de XX^{mil} florins que han mester per pagar algunes companyes de lur empresa quels venen, ans que nos pensavem queu tendriem en gran gracia, en serien pus escalfats en nostre servey. » Il dit ensuite qu'il a consenti à payer cette somme moitié à Perpignan moitié à Saragosse, et qu'il les a invités à sa table, avant de partir avec eux vers l'Aragon : « vuy menjen ab nos et demá vemnosen ab ells ensemps vers Saragoça e axi si james nos habets en cor de be seruir treballats de nit et de dia que aquestes X milia florins qui aquis an a pagar, procurets per vies de vendes de castells, de jurisdiccions, de rendes o daltre patrimoni nostre. »

On n'ignore pas que le trésor de Pierre IV était épuisé et qu'il ne savait où trouver de l'argent. Aussi, quand, quelques jours avant la demande faite par les Compagnies, le roi fut informé de la résistance qu'apportait le Grand Maître de Montesa à payer une somme de 33.000 *sueldos*, lui adressa-t-il une forte remontrance : « Car be sabets la congoxa que nos hauem de hauer moneda... e com nos entenam a partir dema daci (la lettre est datée de Barcelone, 19 janvier) per anar fer compliment de paga a les grans companyas et al comte de Trestamara, lo qual compliment fer no podem sens la dita moneda. »

Mais Pierre IV ne tarda pas à voir les résultats de si grandes dépenses et de tant d'efforts. La lettre du 15 mars, qui donne des nouvelles de l'expédition aux gouverneurs catalans de Caller et de Logudor (Sardaigne) est très expressive :

« Per tal com savem quen haurets plaer vos significam que les grans companyes de les quals segons que creem ja hauiets oit perlar que deuien venir a nostre seruey per entrar en Castella son vengudes, ço es Mossen Bertran de Claqui comte de Longauila e Mossen Huc de Cauirlay e molts altres capitans ab gran nombre de gents darmes los quals Mossen B. et mossen H. e los Comtes de Trastamara e de Dinia son ja partits de les terres de nostra senyoria et de cami ; axi con sen anauen combateren et entraren per força darmes Mallen, castell et vila, e combateren et entraren les viles de Magallo, de Boria et de Taraçona et les prengueren et puys feren lur cami a la ciutat de Calahorra, qui es del Regne de Castella e semblantment la combateren e la entraren et la prengueren et dalli sen son venguts a Alfaro qui es semblantment del Regne de Castella e es en Alfaro per capita Enyego Lopiz de Forosto ab be D. de cauall e semblantment començarenla a combatre fortment e encontinent vench a pati (se rendit), axi que a la hora dara ial tenen... Del Rey de Castella hauem cert ardit que de Burgos on era sen es anat a Sibilia et fabia gran armada et per la entrada daquestes gents hala lexada et solament enten a sostenir les X. galees que sabets que te en mar, e nos feem armar VII. galees cuytadament per combatras ab les sues e per soccorrer a vosaltres et aquexa illa, tro que pus poderosament hi puxam girar la cara (allusion à la rébellion du prince d'Arborea) axi con entenem a fer tantost que les dites companyes sien apoderades en Castella e seranho breument Deu volent segons que comencen.

Cette lettre est une nouvelle preuve du soin apporté par Zurita au dépouillement des innombrables registres de la chancellerie de Barcelone.

Les principaux détails de cette lettre sont reproduits dans le chapitre LXII du livre IXe des *Anales*. La date, qui manque peut-être de précision, est celle de la concession du titre de comte de Borja à Du Guesclin, puisque selon la lettre du Roi à son protonotaire Conesa, datée de Calatayud, 17 avril, la concession eut lieu dans ce même mois : « Vos manam que continent façats et espeeguets (expédier ou délivrer) ab bulla daur a la qual vos bestragats la carta de la donacio que laltra dia fermam en poder vostre a Mossen B. de Claqui del Comtat de Borja et con la dita carta haiats feta bulla et espegada trametets laus o lans aportats vos con vingats, car nos per causa volem tenir en nostres estoigs (chartrier) la dicta carta [1]. »

Pierre IV, connaissant les premiers succès du comte de Trastamare, lui adressa de Saragosse une lettre très affectueuse, le 30 mars, en lui donnant déjà le titre de roi de Castille :

Rey amigo, el qual muyto amamos et preciamos et tenemos en conte de

1. Registre 1214, fol. 51. Archives de la couronne d'Aragon.

hermano, sabet que somos con grant deseyo de saber buenas nuevas de vos et de los afers en que sedes et fiamos en Dios que muy ahina las nos faredes saber tales que seran a honra et pro de vos et de nos et de los afers vuestros et nuestros segun vos et nos cobdiciamos. Certificando vos que nos de cosa del mundo no poriamos hauer mayor plazer que saber amenudo de vos vuestro buen estado et vuestro buen acahicimiento, rogando vos que quanto mas souent poredes nos ende escriuades. De nos vos femos saber que hauemos tenido nuestras Cortes aqui en Saragoça las quales han finado muy bien a seruicio nuestro et a fortecimiento et endreçamiento de los afers vuestros et nuestros et atendemos de cadaldia las companyas de cauallo de los cathalanes et ya que tenemos plegados los Daragon, saluant Don Luis Cornell que es entrado con algunos CC. de cauallo et nos estamos por partir por fazer la guerra de part daçá (du côté de Calatayud) la mas fuerte que fazer podremos de guisa que Dios queriendo sera esfuerzo a vos et danyo a los enemigos.

Le même jour, Pierre adressa d'autres lettres, où se révèle toute sa satisfaction, à Du Guesclin, à Calverly et au marquis de Villena et délivra un sauf-conduit à un Anglais, Thomesiz Reuant, qui devait, avec quelques soldats, traverser l'Aragon.

La joie du roi était pourtant un peu troublée par des nouvelles secrètes qu'il avait reçues au sujet des intentions du roi de Navarre, inquiet du rapide succès des alliés, et aussi par la prévision des dangers qui pourraient surgir par suite de l'entrée et du passage à travers ses États d'autres compagnies anglo-gasconnes.

Le 25 mars, il reprochait à son cousin l'infant marquis de Villena de ne lui avoir point envoyé de renseignements sur les affaires de la cour de Navarre, bien qu'il eût été chargé spécialement de le faire. Pierre lui ordonne de l'informer sans retard des préparatifs de Charles contre les alliés.

Quant au passage de nouvelles bandes de pillards, engagées par Henri pour grossir son armée et achever la conquête de la Castille, ou venant volontairement à la recherche d'aventures et de butin, Pierre IV ne pouvait l'autoriser après les terribles excès commis par les premières. Aussi décida-t-il que le vicomte de Castellbó et ses soldats occuperaient les points stratégiques du Roussillon, que le vicomte de Cardona serait capitaine ou chef militaire à Barcelone avec deux cents cavaliers, et que l'on proclamerait immédiatement l'*usatge princeps namque* (loi de convocation pour le service de guerre) dans toute la Catalogne. Pour donner sur ces mesures préventives plus de renseignements à son lieutenant, son fils aîné Jean, il lui dépêcha Francesch de Perellós et Ramon de Planella, dans les derniers jours de mars. En même temps il écrivit au gouverneur du Roussillon d'envoyer de bons espions en Languedoc et en Provence. Il lui disait aussi « façats venir dauant vos los Consols de Perpenyá et ab ells et ab los de vostre consell haiats informacio quals homens et fembres hi son qui sien a nos o aquexa terra sospitosos et aquells quey trobarets sospitosos encontinent fets venir a Leyda o mes a ençá (en Aragon) et si hi ha fembres qui haien lurs marits fora nostra terra trametetsles a lurs marits ». Il semble que Pierre soupçonnait quelque rébellion des partisans de Jacques, le roi détrôné de Majorque. Peut-être est-ce pour cela qu'il pressait les officiers du Roussillon de lui envoyer les infants, son fils Martin et sa fille Leonor, demeurés dans un château de l'intérieur de ce pays, comme otages donnés par leur père au roi de Navarre et à Henry de Trastamare lors des conventions de 1364. Dans une lettre au gouverneur du Roussillon (1er avril), le roi dit qu'il ne sait rien des infants « cars fill e filla nostres axi que no sabem si son fora de les raenes ne si son saus o que es dells, de la qual cosa merexets gran reprensio con pensar podets que desijam saber que fossen fora de les raenes ».

La demande faite par Henri de Trastamare à Pierre IV pour obtenir le libre passage de nouvelles bandes d'auxiliaires, qui, venant du Languedoc, devaient traverser la Catalogne et l'Aragon, fut refusée net, ainsi qu'il résulte de lettres datées de Calatayud (30 avril 1366) et adressées non seulement au roi Henri, mais aussi à Du Guesclin et à Huch de Calverly. Dans la lettre adressée au roi, on lit :

Rey amigo, vos enviamos muyto a saludar como aquell que tenemos en conta de ermano e por a quien queriamos tanta vida, salut et honra como vos queriades. Recebiemos vuestra letra de creença que nos enviastes por este escudero May portador de la present, e entendido lo que nos dixo por la dicta creyença vos respondemos que por honra et amor vuestra entendemos asanz toda cosa et dar aviamiento que poremos a las companyas de Ffrancia et daquellas partidas que se van por a vuestro servicio. Mas quanto á lo que nos enviastes a rogar que les demos passatge por nuestras tierras, en verdat Rey amigo tanto es lestragamiento et la destruccion que nuestras tierras han sostenido por el passatge de las otras companyas que tenedes, que no es de creyer et que agora quando vieran las miessas de los panes, diessemos passatge a daquestas gentes, estragarian aquello poco que ha fincado, assin que por ninguna manera no trobamos dacuerdo quel dicto passatge lo podamos dar sin manifiesta e irreparable destruccion de las tierras nuestras, por do haurian de passar, et vos rogamos que desto nos hayades por escusado[1].

Il faut faire remarquer que Pierre connaissait bien dès le 6 avril, l'entrée et le couronnement d'Henri à Burgos et qu'il lui adressa ses félicitations avant même de recevoir la communication officielle de la proclamation. Voici la lettre du 7 avril, datée de Calatayud :

« Rey hermano, tanto es lo grant goyo et plazer que hoviemos et hauemos de vuestros buenos acriescimientos que non vos lo podriamos escriuir et en special como sopiemos que fuestes recebido et coronado en Burgos por Rey de Castiella *e quel otro nuestro enemigo que fue rey* (Pierre le Cruel) *sen fué dende como aquell qui es*. E en verdat maravellamos nos muyto como vos hauedes assi oblidado que no nos hauedes escrito despues nos escribistes como fuerades jurado en Calahorra. E si vos sabiades quanto deseamos saber vuestros buenos ardides de la gracia que Dios vos faze, vos los nos fariades asaber[2]. »

On remarquera la mention hautaine et méprisante du rival déchu et fugitif, *nuestro enemigo que fué rey de Castiella sen fué dende como aquell qui es* ; « il s'enfuit de la capitale comme font ces sortes de gens sans honneur. » Tel est le sens.

1. Reg. 1217, fol. 57.

2. C'est le 8 ou le 9 avril que parvint au roi d'Aragon la lettre du roi Henri annonçant son couronnement. Pierre envoya immédiatement des copies de cette lettre à son fils aîné, au Conseil municipal de Barcelone et au comte d'Urgell.

C'est alors que le roi Henri supplia Pierre d'Aragon de lui envoyer sa femme et ses fils qui se trouvaient dans le Roussillon. Pierre voulut combler d'honneurs la nouvelle reine de Castille et disposa le cérémonial du voyage. On en trouve les détails dans une curieuse lettre qu'il adressa à l'évêque d'Elne et datée de Calatayud, 13 avril :

« Bisbe, per tal com lo Rey de Castella Don Enrich a nos car com a frare ha tremés per la Reyna sa muller et los infants sos fills qui son a Opol (château du Roussillon, près le Narbonnais), que sen vaien en Castella nos hauem acordat que con passaran per nostra terra los sia feta aquella honor e aquell aculliment ques pertany de nos fer a qualseuol Reyna estranya. E entre les altres coses hauem ordenat que vos, ab aquelles persones qui per ordinacio nostra los acompanyaran per tota nostra terra, los acompanyets de Opol tro a Gerona et lo bisbe de Gerona de Gerona tro a Barchinona et lo bisbe de Barchinona de Barchinona tro a Muntblanch et larchabisbe de Terragona de Muntblanch tro a Leyda et lo bisbe de Leyda quel acompany tro a Saragoça et larchabisbe de Saragoça tro en Castella o la on lo dit Rey volrá que vaien [1]. »

Ce fut une véritable mobilisation de tous les prélats sur l'itinéraire de Doña Leonor.

Tout cela arrangé, Pierre IV crut venu le moment de communiquer officiellement au Pape, qui résidait à Avignon, aux rois de France et d'Angleterre, au Duc de Bourgogne et aux comtes d'Auvergne et de Foix, la victoire et la proclamation d'Henri de Trastamare. La lettre adressée au Pape est datée de Calatayud, 1er mai, et les autres du 6 du même mois. Voilà en quels termes il expose les faits à Charles V de France :

« Serenissime princeps consanguinee carissime ad vestre serenitatis aures saltem per famam non ambigimus peruenisse qualiter Illustris Enricus Rex Castelle vel frater nobis carissimus cum turmis gallicis que in nostrum et suum venerunt succursum ac quibusdam de naturalibus nostris in introitu Regni Castelle et Regem Castelle faustis fuit auspiciis eleuatus et consequenter in ciuitate Burdugensis in qua Reges Castelle regnorum suorum consueuerunt

1. Reg. 1214, fol. 78.

diadema suscipere tam feliciter quam solemniter coronatus et qualiter ipsa Regna acquirit dispositione diuina pro libito nullam fere in eis resistenciam reperiens Regis olim Castelle hostis nostri vel quolibet aliorum.

Pierre IV dit aussi au roi de France que le nouveau souverain castillan lui envoie deux ambassadeurs, fray Juan Diaz, religieux franciscain, et Robert de Miceres, licencié en droit et archidiacre *parvi talenti* de l'église de Rouen, pour traiter avec lui de ces affaires.

Un mois après la date de cette lettre, la satisfaction et la confiance avaient déjà disparu de la cour catalane. Les premiers symptômes que nous avons signalés en mars, vers la Navarre, et que le marquis de Villena avait été chargé par Pierre IV d'observer, avaient grandi : on parlait partout de l'alliance de Pierre de Castille avec les Anglais et les Navarrais pour chasser du trône le bâtard usurpateur. Cette inquiétude, le roi d'Aragon l'exprimait très nettement et en termes qui indiquent que la longue querelle des deux grandes monarchies de la Péninsule ne finirait que par la mort d'un des monarques. Dans la lettre que Pierre IV écrit aux magistrats municipaux de Valence (Saragosse, 26 juin 1366), pour se plaindre du peu d'entrain que met ladite ville à payer le subside promis pour la guerre contre Pierre de Castille (Valence prétexte que la paix a déjà été obtenue grâce à la victoire du comte de Trastamare), on lit : « E nos no veem que sia tan gran pau con dehits de mentre quel Rey Don Pedro qui solia eser de Castella sia viu car certa cosa es que ell no cessa de fer tractaments et ligançes ab los reys Danglaterra, de Navarra et de Portugal et ab lo Princep de Gales, car sabem de cert quel dit princep fa grans apperellaments de companyes et deu esser ajustat ab tot son poder en Bordeu per tot lo migant mes de juliol. » Ces mots du roi d'Aragon sont d'une belle cruauté : *no veem que sia tan gran pau de mentre quel Rey Don Pedro sia viu*. On trouve le même sentiment et la même manière d'apprécier clairement la situation chez le Prince Noir, lorsque, après la bataille de Najera, il apprit que le roi Henri avait pu s'échapper : *¿ E lo bort, es mort o près ?* demanda-t-il. On lui répondit qu'il avait pris la fuite. Il répliqua tristement : *Non ai res fait.* Rien n'est fait.

Ces complications modifièrent la décision de Pierre IV au sujet du passage à accorder aux nouvelles Compagnies qui allaient aider le roi Henri. Le 22 juin, il dit à ses officiers et magistrats : « Como Pedro de Vuyssant, en otra manera dito Morclot, camarlengo de nuestro caro cosino el Duch Denjou et nieto del Marescal Dodenchan (Arnoul, sire d'Audrehem, maréchal de France), de nuestra licencia sen vaye con cierta companya enta les partes de Castiella et de Granada, por esto a vos et a cada uno de vos rogamos quel dito Pedro con sus companyas, caualcadures et bienes dexedes passar. »

Et le mois suivant, alors que Pierre IV ne peut plus douter de la gravité de la situation du roi Henri, menacé d'une formidable coalition de ses ennemis, il accorda le passage des compagnies françaises commandées par le breton Olivier de Mauny, mais sous certaines conditions qu'on peut lire dans la curieuse convention, jusqu'ici inconnue, signée le 30 juillet (1366), à Barcelone :

Capitols fets entre el Senyor Rey els capitans de les companyes.

Primerament per tal que sia provehit que les companyes no puguen donar dampnatge e mils puguen trobar lurs viures es ordonat que les dites companyes se pertesquen per tres rotes, de les quals la primera intre per dos dies abans a fi que daqui auant fins que sien exides dels Regnes e terres del Senyor Rey haia dues jornades de rota a rota, les quals jornades sien limitades a conexensa del capita de Rossello e daquelles qui ell hi ordonara. Item que abans que alguna de les dites rotes intre en la terra del Senyor Rey, los dits capitans faran seguretat de no dampnejar la terra del dit Senyor Rey... mas comprar ab lur argent lurs viures exceptat palles o blats que trobassen fora poblat.

Item.... que Mosen Noliuer metra en rahenes en mans del Capita de Rossello, lo qual les deia trametre al Senyor Rey, son frare e sos dos cosins segons que ha ofert. Item que cascun dels capitans ne metran tres (otages) dels pus apropiats de lur companya. E no resmenys los dits mossen Noliuer e altres capitans faran sagrament e homenatge al Senyor Rey o al capita de Rossello, reebent en nom del dit Senyor Rey, que ells en les terres del dit Senyor Rey anan, vinen ni estan en les terres del dit senyor, ni encara en tota Espanya, no daran nengun dapnatge... ans faran tota vegada la via que tendra Mossen Bertran de Claqui. Encara pus que apres lo retorn Despanya sien exits de la terra del dit senyor Rey dins un mes no li puguen dar nengun dampnatgè.

Item que les dites rahenes prena lo Capita de Rossello e aquelles haia a liurar al Gouernador de Rossello, lo qual sia tengut de trametre aquelles ben guardades al senyor Rey.

Item que si algu de la companya de Mossen Noliuer de Spuita et de Mossen Guillem Boatell sen volia tornar per necessitat de sa persona o per altra manera que puxa anar e passar per la terra del senyor Rey saluament e segura. Rex Petrus.

On ne dira pas que le roi d'Aragon ne savait pas s'entourer de toute sorte de précautions pour éviter que les excès de Barbastro se renouvelassent.

Le 31 juillet, il donna à tous ses officiers l'ordre de permettre le passage des Français : « Com Noliuer de Mayuni, caualler, ab ses companyes se vaia en Castella passant per certes rotes, de grat et licencia nostres per la terra nostra. »

Siméon Luce, dans le sommaire des *Chroniques de Froissart* placé au début de l'édition de la *Société de l'Histoire de France*, a donné quelques renseignements sur le voyage des compagnies du capitaine Olivier de Mauny à travers le Languedoc, vers le Roussillon.

Les inquiétudes augmentent de jour en jour à la cour de Barcelone, où passent de plus en plus fréquemment des envoyés de la cour de France au roi Henri. Le 7 août, Pierre IV délivre un sauf-conduit à Guillaume Granet, *vaylet de cambra del alt duch Danjou, frare del rey de França*, qui part pour la Castille; et le 12, il écrivait à Pere de Centelles, aux députés et *clavaris* du royaume de Valence, au vicomte de Castellnou et à d'autres personnages, que certains désaccords qu'il avait avec le roi de Navarre, lequel se trouvait à Bayonne avec le Prince de Galles, et avec Pierre de Castille, pour disposer l'invasion du royaume d'Aragon, rendaient nécessaire la concentration de troupes de cavalerie valencienne, dans la ville de Lérida.

Vers la même époque, arrivait à Barcelone l'envoyé du roi de France pour traiter des mesures à prendre par suite de l'attitude des Anglais. Pierre informa le roi Charles V de l'entretien qu'il avait eu avec son chambellan par une lettre, la seule écrite en français que nous trouvions au cours des négociations, et qui révèle une très profonde considération envers la cour de Paris :

Tres cher et tres ame cousin, nous auoais receus vos lettres et or tout ce que nous out dir de vostre part messer François de Perellos, visconte de Roda nostra chamberlench e messer Gui Oudart, vostre chamberlench et mercious vous mout la bone volente que auets a nous et a nostre Royaume et leur auons respondu et deliurez sor les besoignes pour quoi sont venutz selont quels vous diront pour quoi vous priou tres cher et tres ame cosin que vous vuellez porsoir les besoignes en la maniere que sont ordonets. Escrita de nostre ment le XVI jour da augost. Le Roy Daragon vostra cousin [1].

C'est sûrement à cause de cette nouvelle négociation que Pierre IV convoqua deux jours après à Barcelone l'infant Ramon Berenguer, les comtes d'Empuries et d'Urgell, et les prélats de Tarragone, de Barcelone et de Lérida, — et qu'il envoya son écuyer, Pere d'Aragall, au roi Henri. Aragall devait communiquer au monarque castillan la dangereuse intention qu'avait Charles de Navarre de se concerter avec Pierre le Cruel et les Anglais :

Certificat pleneramént lo dit senyor del mal enteniment et avol proposit quel dit Rey de Nauarra ha ; daquest fet trames daquestes jorns Mossen Francesch de Perellos, vezconta de Roda, al Rey de França et al duch Danjou frare seu, per tractar ligues entre ells contra los dits Reys Danglaterra et de Navarra, e per ço com lo Rey de França es en pau ab los dits reys no ses poscut fer que clarament ne vberta se puxa dir a present del dessus dit Rey de França, mas lo dit duch ha trames son camerlench ensems ab lo dit vescomte al senyor Rey (Pierre IV) per fer et fermar liga en nom seu ab lo dit senyor, contra lo dit rey de Nauarra, *la qual durara tro quel dit rey de Nauarra sia confus et deserelat*, et açò per al com ell ses menat no be (il ne s'est pas loyalement conduit) contra lo dit senyor (Pierre IV) et lo dit rey Don Enrich. E axi quel senyor Rey (d'Aragon) lo prega (prie Henri) que pau ne treua alcuna no fassa ab lo dit rey de

1. Reg. 1213, fol. 121.

Nauarra, car ell sab be e pot recordar ea con lo dit rey de Nauarra es anat en lurs affers en lo temps passat ey va encara al dia de huy.

Item li diga de part del dit senyor Rey que si per res del mon se podia fer que liga et bona confederacio fos feta dells abdosos et del Rey de França, en manera quels uns fossen tenguts de voler als altres, parria al dit senyor que fos cosa a cascun dells profitosa, et aço per les grans ligues quel dit Don Pedro, qui fo rey de Castella, ha procurades et fetes ab los dis reys Danglaterra et de Nauarra et ab lo princep de Gales et sesforse a fer ab altres. E axi si al dit Rey Don Enrich sembla bo ne profitos, lo senyor Rey (Pierre IV) ho fara moure et hi traballara per manera que Deu volent la cosa vendra a bona perfeccio. E es ver semblant *que pus ells tots tres fossen ligats de valença* (les rois Henri, Pierre IV et Charles de France), *que no hauia al mon poder que noure el posques, ni hairia rey ni reys al mon dels quals ells tres no isquessen a cap ab gran lur honor.*

Item que fassa son poder ab lo dit Rey en cas que les dites ligues li placien, que trameta encontinent ambaxados solennes al dit senyor Rey (à Pierre IV), ab plen poder de fer et fermar les coses desus dites et lo dit senyor Rey trametra aquells ensems ab los seus ambaxadors al duch Danjou, ab lo qual haura ambaxadors del Rey de França, qui hauran semblant poder de fer et fermar les coses desus dites [1].

Telles sont les instructions données par le roi d'Aragon à Pere d'Aragall, et qui nous font connaître la direction diplomatique qu'on voulait donner aux cours de France et d'Aragon dans les premiers temps de l'alliance de Pierre de Castille avec les Anglais et la Navarre. Le but principal était, comme on a pu le voir, la ruine de Charles le Mauvais de Navarre : *quel dit rey sia confus et deseretat*, qu'il soit vaincu et dépossédé de son royaume. Le vrai motif de la guerre que Pierre IV projetait contre la Navarre est moins, semble-t-il, le désir de conquérir et d'annexer de nouveaux territoires à l'Aragon, que la frayeur inspirée par le retour possible de Pierre de Castille allié au Navarrais.

A la cour de Barcelone on avait de jour en jour une compréhension plus claire de la gravité de la situation. Le roi, nous l'avons dit, avait fait venir pour les consulter divers personnages de premier rang; non content de cela, il voulut connaître aussi

1. Reg. 1213, fol. 125 (Barcelone, 16 août 1366).

l'avis des représentants du peuple et demanda le 21 août, aux conseils municipaux de Lérida, Gérone et Perpignan de lui envoyer un délégué à son conseil : « un prohom tal et tan savi que a nos puga et sapia donar consell sobre los affers nostres, los quals toquen lestament et honor nostra. »

Dans les pouvoirs conférés à Francesch de Perellós et à Roger Bernat de Foix, vicomte de Castellbó, en vue de l'alliance avec le duc d'Anjou, on découvre bien le peu de franchise dont les cours de Barcelone et de Paris, avaient cru devoir user au début des négociations. C'est le même état d'esprit qui prévaut dans les instructions données à Pere d'Aragall. L'Aragon ne s'alliera pas avec la France, mais personnellement avec le duc d'Anjou, frère du roi, et son lieutenant en Languedoc : *per ço com lo rey de França es en pau ab los dits reys Danglaterra et de Nauarra, no ses posrut fer que clarament ne uberta se puxa dir a present del dessus dit rey de França.* Grâce à cette combinaison, le roi de France resterait en paix, mais les Français aux ordres du duc d'Anjou feraient la guerre. Aussi Pierre IV délivre-t-il les pouvoirs des ambassadeurs *ad tractandum confederationes, et amititia vincula tam personalia videlicet et ad certum tempus, quam perpetua inter nos et nostros ex una parte et inclitum ac magnificum Lodowicum illustris Francie regis germanum Ducem Andagauensis et suos ex altera... ad tuicionem, saluitatem et conseruationem Regnorum et terrarum nostrorum et Ducatus ac comitatus iam dicti Ducis... et ad invasionem comunium nostri et eius inimicorum... et regnorum et terrarum illorum confusionem, occupacionem atque destructionem* [1]. »

Le vicomte de Castellbó n'ayant pas accepté d'être envoyé comme ambassadeur à Toulouse, on désigna pour ce poste Mossen Berenguer de Abella.

Celui-ci, ainsi que Francesch de Perellós et Guillem de Puig, furent commissionnés par le fils aîné de Pierre IV, l'infant Jean,

1. Reg. 1293, fol 134 (10 août 1366).

pour négocier son mariage avec la princesse Jeanne, fille du feu roi Philippe de France (lettres patentes du 7 septembre).

Le roi d'Aragon ne tarda guère à comprendre que l'alliance qu'il devait contracter avec Henri de Trastamare n'aurait ni le prestige ni la force nécessaires, si le roi de France n'y entrait pas ouvertement.

Jugeant insuffisantes ses négociations à Toulouse avec le duc d'Anjou il voulut en entreprendre d'autres directement avec la Cour de France. Voici en quelle forme Pierre IV exposait sa pensée à son homme de confiance et premier conseiller, alors ambassadeur, le vicomte de Roda, Mossen F. de Perellós :

Lo Rey; vescomte, sapiats que apres que fos partit de nos, haguem acort sobre la liga del Rey de França e finalment vos responem que nostre acort et la fermança de nostre consell es que nos havem gran plaer de fer tota liga de amistat et de ben volença ab lo dit Rey, mas que nos nos estrenguessem de ferli valença ab ço del nostre, no veem que ley poguessem complir. E axi no seria bo lo pormetre si no en la forma seguent : Ço es que de present sia comensada guerra poderosa contra lo Rey Danglaterra et lo Rey de Navarra et el Princep et lurs valedors per lo dit Rey de Ffrança, e que per nos et per lo Rey Don Enrich sia feta guerra poderosament contra lo Rey de Navarra et totes les terres quel dit Rey Danglaterra et princep han en les parts daça (le Sud des Pyrénées).

E que en aquesta guerra daça nos haia a valer a son cost ab mil glauis (soldats glaives) o dalli a avall, si als no podets fer, uo en D. E que nos siam tenguts de valer al dit Rey de D. homens a cauall en la guerra de Ffrança finada la guerra de Navarra et no avans, ó que nos haguessem conquest lo dit regno e no haguessem a fer guerra de la part deça. Car lo dit Rey pot ben veure que *per destrouir nostres enamichs et per cobrar ço que ell ha perdut et es desheretat, es necessari que de quascuna part poderosament li sia dada guerra per ell et per nos, de manera que ell* (Charles de Navarra) *jamés nos puxa justar*. E aço es ben seu et nostre. Nos axi matex si emperam aquesta guerra, iassia que no aiam a clamar deseret negu, proues que de tot nostre poder façam guerra de la part daça, a la qual guerra afer hauem mester la sua ajuda dels dits mil o almenys de D. glauis. E finada la dita guerra de la part deça e conquest lo Regne de Nauarra o la maior partida, plau a nos de ferli valença a nostre cost et messio de D. homens a cavall, car en aquell cas nos ho poriem be fer et hi poriem bastar pus no haguessem affers de la part daça; car en altra guisa en alguna manera no hi poriem bastar. E axi es millor de no pormetre cosa que atendre no poguessem. E si aço plau al dit Rey et a nos plau, en som aperellats de trametreus en procuratori bastant. En altra manera no ho poriem fer, pero plaunos tota vegada de esser en amor et liançes et bona amistat ab ell et que contra ell nons ligarem ab algun rey o princep ell faentnos semblant conuinença. E si vos veets que aço tinga via haiamne vostra resposta per aquest correu que us trametem en II. dies et deu tornar en altres II. Datum Barchinona sots nostre segell secret a XVIII dies de setembre del any MCCCLXVI. Rex Petrus. Dom. Rex. mand. m. Jacobo Conesa [1].

Pierre IV désirait donc recevoir l'aide immédiate de soldats français, afin de commencer simultanément les hostilités en Gascogne et sur les frontières de l'Aragon et de la Navarre. On comprend le besoin de secours qu'éprouvait le roi d'Aragon : son trésor épuisé, ses peuples ruinés par de longues guerres, et les nouvelles complications en Sardaigne, où un rebelle, le prince d'Arborea, augmentait sa force et son audace, le tout sans compter les conspirations du fils de l'infortuné Bernat de Cabrera et de l'héritier du roi Jacques de Majorque. On comprend aussi comment, en présence de l'alliance menaçante de Pierre de Castille avec la Navarre et l'Angleterre, le roi d'Aragon ne voyait d'autre protecteur que le roi de France.

Les instructions données par Pierre IV à ses ambassadeurs à la Cour de France disaient :

Ordona et mana lo senyor Rey que mossen F. de Perellos, vezcomte de Roda et mossen B. Dabella, consellers et embaxadors seus qui ja per altres affers van al Rey de Ffrança [2], quant lla serant procuren et tracten ab ell, en cas empero que per lo dit rey o per alcu de part sua ne sien request et no en altra manera, les coses seguents :

Primerament ço es en cas axi com dit es que per lo Rey dessus dit e per altre en nom seu, los sia mogut que entre los dits reys se dega fer liga contra totes persones, diguen al dit rey de Ffrança que al senyor Rey plau que ell et lo dit rey de Ffrança et encara lo rey de Castella don Enrich si esser hi volra,

1. Reg. 1293.

2. Ces autres affaires sont le projet de mariage de l'infant Johan avec la princesse Jeanne de France.

sien conjunts et units de bona amor et de confederacio et de liga axi ques vallen et saiuden contra tots altres reys et princeps et totes altres persones del mon et que sien amichs dels amichs de cascun dells et enemichs encara dels enemichs.

Item en cas que la liga aquesta se faça es ferm, sia per los dits embaxadors tractat quel dit Rey de Ffrança degua encontinent et de fet et ab gran esforç començar guerra al rey Danglaterra, al rey de Navarra et al princep de Gales et a lurs terres et sotsmesos et als bens daquells et de cascun dells. E en aquell cas lo senyor Rey et el rey don Enric dessus dit, en cas que en la liga aquesta esser vulla, faran axi matex guerra contra lo rey de Navarra et son Regne et contra les terres, ciutats, viles et lochs quels dits reys Danglaterra et princep de Gales han en lo ducat de Guiana et en aquelles comarques et en la dita guerra cascun dells esforçadament continuaran.

E per ço que la guerra dessus dita se faça plus fortement et mils quel Rey de Ffrança a ses propries messions haia a tenir en la dita guerra los quals sien et estien a obediencia del dit Senyor Rey mil glauis e pagar lo sou daquells o daqui ensus tro en D. segons quels dits embaxadors se poran ab ell convenir, axi empero que tot ço ques conquerra en lo Regne de Navarra sis vol per les gents del senyor Rey, sis vol per aquelles del dit rey de Ffrança, sia del dit senyor Rey (Pierre) et dels seus et tot ço ques conquerra en lo ducat de Guiana et en aquelles partides sia del dit rey de Ffrança et de sos hereters. E la dita aiuda sia tengut fer lo dit rey de Ffrança al senyor Rey continuament, entro quel Regne de Navarra o la maior partida daquell sia conquesta.

Item los dits embaxadors oferran de part del senyor Rey al dit Rey de Ffrança que conquest lo Regne de Navarra o la maior partida daquell lo dit senyor Rey, en cas empero que del rey Danglaterra o del rey de Navarra o del princep de Gales o dalcu o dalcuns dells no hagues tal poder en les fronteres de ses terres, que aço li fos perillos, li fara valença de M. homens a cavall et recobrar les ciutats, viles, castells, lochs et terres quel dit rey Danglaterra li te occupades en lo ducat de Guiana o comarques daquell, es a saber en aquelles partides de son Realme quel dit rey volra deça mar entro que les dites ciutats, viles, castells, lochs et terres o la maior partida daquells sia cobrada, dels quals M. homens a cavall lo dit rey sia tengut dar al dit Senyor sou de cinchcentes lances, car daltra manera no li faria aiuda sino de cinchcents de cavall et en ferlen mil rentералo dit senyor maior honor et el dit Rey ne sera sens comparacio mils aiudat et la guerra quen sera enans finada. Sia empero empres et entes que, recobrada per lo dit rey de Ffrança la maior partida de les dites ciutats, viles, castells, lochs et terres quel dessus dit rey Danglaterra li te occupades en lo ducat dessus dit et comarques daquell, sia tengut lo dit rey de Ffranca de remetreli, a despeses del dit rey de Ffrança semblant aiuda que demunt es demanat que li faça per conquerir Navarra et conquerre complidament tot ço que del dit Regne de Navarra hi restaria a conquerir. E axi matex, que la conquesta del dit Rey entegrament feta, lo dit senyor sia tengut remetre al dit rey de Ffrança totes les gents que trameses li haura et encara enviarli semblant aiuda que dessus et a la manera que damunt se conte et aquella fara aturar ab ell o lla on ell volra deça mar, entro quel dit rey haia cobrades entegrament les dites ciutats, viles, terres, castells et lochs.

Item que les dites coses li raonen los dits embaxadors saviament et poden dirli, entre les altres coses, que la guerra dels dits reys no valria res si esforçadament en dites parts nos fahia, cor si en vna part era començada, los dits reys Danglaterra et de Navarra et princep de Gales accorrerien en aquella et esser en dues parts començada lo lur poder no es bastant a defendres del poder dels dits tres reys qui seran duna part (Henri, Pierre IV et Charles de France), cascun dels quals es merce de Deu assats gran. E axi matex rahonaran per que lo senyor Rey demana primerament la dessus dita valença al rey de Ffrança, cor si lo senyor Rey se met en guerra per ell et per clamar son desheret, raho es que li faça aquest avantatge, lo qual torna en gran dan de son enemich et en recobrament de tot ço de que lo dit rey Danglaterra lo te desheretat.

Item si en la dita forma plau al dit rey de Ffrança fer la liga aquesta, fermenla los dits embaxadors, axi empero quey haia a esser lo dit rey don Henric, si esser hi volra, segons que dit es, per tal que mils et pus esforçadament la dita guerra se puxa fer.

Es empero entencio del senyor Rey que en cas que liga sia fermada entre lo dit senyor et lo duch Danjou, et per aquella lo dit duch deuia fer valença de IIII^c glavis o de mes e de menys al senyor Rey, que la valença aquella que ya que sia se comprena en la valença quel rey de Ffrança li permetra fer per la liga ques fara entre ells. E axi matex, en aquell cas la valença quel senyor Rey ha promesa fer al dit Duch se comprena en aquella quel dit senyor Rey promet fer al dit Rey. E aquestes coses façen los dits embaxadors ab consentiment et sabuda del dit Duch Danjou. E si per ventura no plahia al dit rey de Ffrança fer les dites liga et couinença en la forma que dessus se conte, facen et tracten los embaxadors dessus dits *quel dit rey de Ffrança faça couinença et promissio de no fer liga ne emprenimient iames ab rey ne princep del mon, contra lo senyor Rey et que sil ha fet lo revoque expressament aytant com sia fet contra lo dit senyor*. E semblant couinença et promissio sia feta per los dits embaxadors en aquell cas de part del dit senyor al dit rey de Ffrança aytant com ligues o emprenimients per lo dit senyor fets toquen lo dessus dit rey de Ffrança. Rex Petrus.

Dominus Rex in consilio in quo erant domina Regina et infans Petrus nec non egregius Comes Impuriarum, Elphus de Proxida, Berengarius de Relato, P. Ça Costa et plures alii consiliarii mea mano P. de Tarrega [1].

---

1. Reg. 1293, fol. 140; on peut voir Zurita, livre IX, chap. 66.

Nous ne croyons pas que ces propositions aient été présentées au roi de France et que les ambassadeurs catalans aient eu des conférences directes avec ce souverain. Ce fut à Toulouse que le duc d'Anjou et son conseil décidèrent que pour le moment la seule chose à faire était un traité d'alliance personnelle avec le roi d'Aragon, sans que Charles V y intervînt publiquement. Il faut faire remarquer que Pierre IV soupçonnait la possibilité de menées entre la Cour de France d'une part et les Anglais ou le roi de Navarre d'autre part, au sujet de la question dynastique en Castille, et que le frère de Charles V apaisa ces soupçons dans les entrevues qu'il eut avec les ambassadeurs de Pierre IV.

Francesch de Perellós, la plus haute figure de la diplomatie de ce temps à la Cour de Barcelone, l'homme de confiance de Pierre IV et très apprécié en France, put du moins obtenir sans difficulté l'alliance avec le Duc d'Anjou.

Le traité fut signé le 29 septembre à Toulouse, en cette forme :

In nomine Dei... Notum sit universi presentibus pariter et futuris. Quod anno ab Incarnatione eiusdem millesimo CCC° sexagesimo sexto, penultima die mensis septembris.... existentibus et personaliter constitutis in castro seu hospicio Regio ciuitatis Tholose inclito ac magnifico principe domino Ludovico domini quondam Regis Francie filio.... duce Andegauensis Comitique Cenomanensis ex una parte et nobili viro ac potenti domino F. de Perillionibus milite, vice comite Rode procuratore et nomine procuratorio Serenissimi Principis domini Petri dei gratia Regis Arag.... cuius procuratorii et potestatis tenor sequitur sub hiis verbis : ... (transcription des pouvoirs) ... que omnia et singula predicta per modum suprascriptum designata, specificata et declarata volentes omnino deducere ad effectum dictus dominus Dux voluit, approbauit et ratificauit omnia et singula supradicta et eadem promisit tenere ac seruare et complere et ad efectum deducere.... et aliquatenus non contrauenire.... sub pena centum milium florenorum auri dicto domino Regi applicanda et per ipsum dictum Ducem exsoluenda et de bonis eiusdem domini Ducis exigenda.... Et pro dicta pena compelli voluit et ac Ducatum, comitatum, terram ac bona sua quecumque presencia et futura obligauit expresse et hipotecauit et submisit viribus et coercionibus ac compulsionibus camere domini nostri Pape necnon et omnibus aliis compulsionibus.... quibus vti voluerint dictus dominus Rex contra ipsum dominum Ducem.... Et in super ad maiorem confirmacionem premissorum dictus dominus Dux.... fidem dedit et homagium interueniente osculo fecit et prestitit dicto domino vicecomiti premisa omnia et singula dicti domini sui Regis Aragonensis recipienti... Acta fuerunt hec concordata premisa et iurata anno, die, mense, indictione, pontificati et loco supradictis, presentibus Reuerendo in xhristo patre domno Guillelmo de Chanaco abbate Sancti Florentii de Saumuro dicti domini Ducis cancellario ac domno Bernardo de Mora licenciato in legibus ipsius Ducis consiliarium, testibus ad hec vocatis specialiter et rogatis.

Et nos Ludouicus... Dux Andegauensis et comes Cenomanensis ad maiorem confirmacionem et valitudinem omnium suprascriptorum sigillum nostrum magnum vna cum nomine nostro nostra manu propria hic inferius subscripto presentibus duximus apponendum. Loys.

En nom de Deu sia : Tractat es estat entre lo senyor rey Darago duna part e lo duch Danjou, frare del rey de Ffrança, del altra, que liga e confederacio sia entre ells feta contra lo rey de Navarra e lo Regne e terras sues e sos valedors en aquesta guerra, per la manera e forma seguents : Primerament quels dits senyor Rey e Duch de tot lur poder façen personalment guerra al dit rey de Navarra a lurs propries despeses e aço tant e tan longament tro quel dit rey de Navarra sia del tot desert *o los dits senyors Rey e Duch naien hauda lur entencio*, e que iames la I, sens laltre dels dits senyors pau, treua o auinença no faça ne puxa fer ab lo dessus dit rey de Navarra.

Item quel Regne de Navarra e tot ço que per los dits senyors o per qualsevol dells o per lurs gents daquell se conquerra, sia per dret de guerra o per altre qualsevol dret del dit senyor Rey Darago e dels seus e sia aiustat e unit als Regnes e terres sues, entenent los dits senyors Rey e Duch que en ço ques conquerra per qualsevols gents de les terres quel dit rey de Navarra ha en lo Realme de Ffrança, lo dit senyor Rey no haia dret algu ney puxa res demanar.

Item que en cas quel dit Duch per necesitat de sa persona o per altra rao no podia venir personalment en Navarra per fer la dita guerra, o quant hi seria sen hauia a partir dega e sia tengut tenir quatrecents glauis a son despens en la dita guerra los quals CCCC. glauis faen la guerra aquesta degen estar e esser a ordenacio del dit senyor Rey.

Item que les gents quel dit Duch o son capita menaran en Navarra per raho de la dita guerra estien e sien en cas que menys fessen a correccio del dit Duch, si present hi es o de son Menescal e en sa absencia, a correccio de lur capitani o de son Menescal e les gents quel dit senyor Rey enuiara a seruey del dit Duch estien e sien en cas que menys fessen a correccio de lur capita.

Item es entencio del dit Senyor Rey que començada la guerra aquesta en lo regne de Navarra se dega aqui continuar sens fer guerra en altra part entro quel dit Regne o la maior partida daquell sia conquest o la guerra dessus dita sia finida. E en cas que la dita guerra començas en altra part, quels dits senyor Rey e Duch haien e sien tenguts seguir e tenir la dita guerra del Regne de

Navarra e no partirsen lo dit Duch o ferne partir los dits CCCC glauis sens tro la conquesta del dit Regne de Nauarra o de la maior partida daquell sia feta.

Item en cas quel dit Duch Danjou no tengues o enuias CCCC glauis complidament e continua en la guerra dessus dita e que algun petit nombre ne defallis, es a saber. de XX glauis enjus, que iens per axo la liga present no fos rompuda nen valgues menys. E axi matex sia entes que si de les gents darmes quel senyor Rey deu enuiar a les parts de Ffrança, per seruey del dit Duch, mirvaua semblant nombre quel dit senyor Rey non fos tengut, ne la present liga ne valgues menys.

Item que feta la conquesta del dit Regne de Navarra o de la maior partida daquell, lo dit Duch si hi es sen puxa tornar en Ffrança ab totes les gents quen haura amenades o si noy era, quen posques fer tornar en aquell cas totes les dites gents sues sens tot contrast. E que la donchs, lo dit senyor Rey ço es apres que per letra o per misatge lo dit Duch lon haura request, sia tengut lo dit senyor Rey trametre socors a son despens al dit Duch a les partides de Ffrança ab suficient capita, es a ssaber CCCC homens darmes per fer guerra al dit rey de Navarra e a les terres que ha en Ffrança, a ordenacio e voler del dit Duch, la qual tramesa sia tengut fer lo dit senyor Rey dins tres meses apres que request ne sera, si en lo temps de la requesta es en Arago o en lo Regne de Valencia e dins dos meses si era en la terra de Cathalunya. E sien tenguts los dits CCCC homens darmes aturar en Ffrança o en les partides on lo dit rey de Navarra ha les dites sues terres tro tant que les terres aquelles o la maior partida daquelles sien conquestes e que lauors los dits CCCC homens darmes o aytants com anats hi seran, sen puxen tornar sens tot empatx.

Item que per ço que la guerra damunt dita començ en temps qui sia auantatge dels dits senyors Rey e Duch, que no sia començada tro que al dit senyor Rey sia benuist fahedor, e quant aquell matex senyor Rey la dita guerra volra començar, que ho haje a significar al dit Duch e que la començ ab consell e volentat sua, axi empero que la guerra, ne per conseguent les valences, no puxen romanir si donchs los dits senyors abdosos ensemps nos concordauen de pau. E quant lo dit senyor Rey haura significat al dit Duch que vol començar guerra al dit Rey de Navarra, sia tengut lo dit Duch venir personalment ab tot son poder o trametre los dits CCCC glauis dins Navarra o en les fronteres qui son entre Arago e Navarra, es a ssaber dins III. meses apres que significat li sera, si la donchs es en lengua dohi e dins dos meses si sera en lengua doc.

Item en cas que feta la conquesta del dit regne de Navarra o de la maior partida daquell, lo dit Duch vehia que pus profitosa li fos valença de mar que de terra, quel senyor Rey li sia tengut fer aiuda daytantes galees armades com per lo sou que li conuendria donar als dits CCCC homens darmes, per any se porien armar, les quals fos tengut pagar lo dit senyor continuament, axi com faria los dits CCCC homens darmes tro la conquesta de les dites terres quel dit rey de Navarra ha en Ffrança o la maior partida de les terres aquelles fos feta.

Item que les coses dessus dites sien per los dits senyors Rey e Duch iurades e ab homenatges e pena de C^m florins e altres obligacions firmades, axi com mils e pus fortement fer se puxa.

Item en cas que per aquesta liga lo rey de Navarra mogues o faes guerra al dit Duch en ses terres, quel dit Duch faen la dita aiuda de CCCC glauis al senyor Rey, lo dit senyor sia tengut fer guerra al dit rey de Navarra en son realme a la manera que dessus se conte.

Item quel dit Duch procur e façe ab acabament *quel rey de França son frare, promete e iur que les dites coses, en quant toque lo dit Duch, permetra esser fetes*, e que directament o indirecta no sostendra que empatx o embarg sia dat, que complides no sien. En altra manera los dits procuradors les dites coses no fermen o si les fermauen retenguense que si axi nos complien, que valor o eficacia no hagues ço que fermat haurien. Rex Petrus [1].

Telles furent les propositions finales du roi d'Aragon, acceptées et signées par le Duc d'Anjou, et qui constituent le texte du traité d'alliance de 1366.

Le retard dans l'entrée en Espagne des Anglais, qui n'avaient pas encore organisé l'armée expéditionnaire contre Henri de Trastamare, ne donna pas au roi d'Aragon et au duc d'Anjou l'occasion de faire exécuter les conventions stipulées à Toulouse.

Cependant, les nouvelles qui leur parvenaient étaient chaque jour plus graves, surtout au mois d'octobre, après la conclusion à Libourne de l'alliance de Pierre de Castille avec le Prince de Galles et le roi de Navarre. Le duc d'Anjou envoya alors le vicomte de Roda, Mossen F. de Perellós, à Pierre IV qui se trouvait à Barcelone, afin de savoir si le moment de commencer les hostilités était venu, et afin d'offrir au roi d'Aragon sa coopération personnelle. C'est pour répondre à la demande et à cette marque de déférence que Pierre IV ordonna, le 2 novembre, à Mossen Ramon de Perellos, que nous croyons être le frère du vicomte de Roda, et à Mossen Joan Exemenez de Salanova, d'aller sans aucun retard à Toulouse. Voici les instructions du roi :

1. Reg. 1293, fol. 135.

Capitols de la missatgeria faedora per Mossen Ramon de Perellons et Mossen Johan Eximenez de Salanoua, consellers del senyor Rey, a les parts de Tolosa al Duch Danjou.

Primerament los dessus dits sen iran al dit Duch e apres salutacio acustumada dirli hont de part del senyor Rey per vigor de vna letra de creença que sobre aço li porten, quel vezcomte de Roda, camerlench del dit senyor Rey e seu, es vengut nouellament de part del dit Duch et ab letra de creença escrita de sa ma al senyor Rey dessus dit, per vigor de la qual li ha dit de part del dit Duch, que ell vol venir personalment et ab tot lo poder que haura a son seruey, a les parts Darago, *en cas quel princep de Gales, qui certament se diu quey venra per socors del rey P. qui fou de Castella,* hi venga, la qual cosa lo dit senyor Rey graeix al dit Duch, aytant con plaer ne honor que ferli posques lo dit Duch, ne rey, ne princep del mon et axi con aquella qui es e te lo dit senyor per cosa fort gran et fort notable et per la qual lo dit Duch obligue et ha obligada a si et als seus e queha axi cara la sua amor et la sua companyia çon de princep ne altre senyor del mon.

Item li diguen quel dit senyor los hi tramet per saber la sua partença quant sera et per qual part volra venir, cor per aquella part on li sera pus auinent o pus plasent sa venguda, lo dit senyor li exira a carrera o li tremetra tals gents que li tenran bona companyia entro que sien abdosos justats.

Item que si plau al dit Duch que la I. o abdosos delsdits embaxadors romangen en sa companyia que faran.

Item sil dit Duch demanaue perque lo dit vescomte no es tornat a ell axi com li ho hauie promes de fer en cas que al dit senyor plagues, diguenli quel senyor Rey lo hauia gran mester en son seruey, per certes causes que altre no sabie sino lo dit vezcomte, perque no ses poscut fer. E axi quel naie per escusat si li plaura, pero en cas quel dit Duch laie gran mester, ne li placie que vaia a ell, trametraloy a dir et a auuiarloy ha.

Item que daço que faran et troueran tremeten correus cuytats tots iorns al senyor Rey, per ço que puxe ab temps proueir en ço que necesssari li sera. Rex Petrus [1].

De ces instructions aux ambassadeurs catalans il ressort clairement qu'à la cour de Toulouse, dirigée en secret par la cour de Paris, il y eut des aspirations belliqueuses pendant le mois d'octobre (1366) et que l'orgueil royal considéra comme un devoir chevaleresque de présenter un prince de la maison de France aux

1. Reg. 1216, fol. 5.

alliés de Pierre de Castille, dans le cas où le fameux Prince Noir passerait les Pyrénées pour lutter contre Henri de Trastamare et Pierre d'Aragon. Ces aspirations ne tardèrent pas à se calmer.

On peut remarquer aussi la faveur dont jouissait le vicomte de Roda non seulement à la cour de Barcelone, mais aussi à la cour de Toulouse. Il était le premier conseiller du duc d'Anjou et du roi d'Aragon, et aucun des deux princes ne pouvait conduire les affaires diplomatiques s'il n'avait auprès de lui ce personnage.

Il convient d'exposer ici — en interrompant le récit des négociations diplomatiques — un fait inconnu qui montrera l'absence absolue de qualités morales chez Pierre IV; aucun scrupule de conscience ne l'empêchait de prendre les résolutions les plus blâmables, si elles pouvaient le tirer d'un mauvais pas ou lui permettre de réaliser ses ambitions. Forcé de se procurer de l'argent par tous les moyens, afin de repousser l'agression des alliés de Pierre de Castille, il trahit son ami Henri de Trastamare et n'hésita pas à faire frapper de la fausse monnaie castillane, ainsi qu'on peut le voir dans cette triste lettre (Barcelone, 31 décembre) :

Nos en Pere per la gracia de Deu Rey ... par la gran necessitat que hauem de moneda, a la qual sino per la manera dejus escrita bonament proueir no podem sens dampnatge de nostre poble, per tenor de la present manam a vos feel nostre en P. Çasala, moneder de Barchinona, que vos batats et batra façats moneda d'argent en regne de Valencia, en lo castell de Muruedre, per tal forma que contrafaçats moneda dargent castellana, a tot juhi aytal com aquella que fa lo rey Enrich. E vos de tot argent ques obrara en la dita obra siats tengut de donar a nos aytal guany per march com donen los Maestres de les Monederies del dit Rey a ell, e per ço que tota sospita de frau sia foragitada, ordonam que lamat de consell nostre Mossen Bonafonat Sent Feliu, alcayt del dit Castell, sia vesedor en la dita obra per nos, lo qual faça un libre et vos dit P. Çasala altre semblant, en los quals sie contengut lo fet de la veritat, ço es quey sia escrit tot argent qui entrara en la dita obra. E encara a descarrech vostra lo dit Bonafonat tinga los motlos tota vegada que no obraran ..... E nos juram per Deu et per los sants IIII euangelis, de nos corporalment tocats, que a neguna de les dites coses no contrauindrem .... et per virtut del dit sagrament prometem a vos dit P. Çasala et a tots aquells qui ab vos seran ne obraran, queus gardarem de tot dampnatge et defendrem de tota persona que contra vos ne ells pogues venir per rao daquesta obra, dementre leyalment vos ne ells façats et cumplats les coses desus dites ... Dada en Barchinona lo derrer dia de deembre en lany de la Natiuitat de nostre Senyor MCCCLXVII. Rex Petrus[1].

Ce n'était certainement pas la première fois qu'un monarque devenait faux monnayeur, surtout pour contrefaire la monnaie d'un prince ou d'un pays ennemi. Mais on n'avait pas encore vu un roi contrefaire la monnaie d'un autre monarque ami et allié, à un moment des plus critiques pour celui-ci, et jurer sur les Évangiles aux ouvriers chargés de la frappe qu'ils seraient protégés et exempts de toute peine si la fraude était découverte par le prince dupé.

Les dispositions prises par Pierre IV à la fin de l'année 1366 prouvent la frayeur qui dominait son esprit. Le 27 décembre, il écrit de Barcelone à son neveu le comte d'Urgell, une lettre lui ordonnant de se rendre à la frontière de Navarre :

Car nebot, con nos haiam haut cert ardit quel princep de Gales ab Don Pedro qui fou rey de Castella, et lurs companyes fan lur poder de entrar breument en los Regnes Darago et de Castella per dampnificar et offendre les dits Regnes si poran, ço que Deu no vulla. E nos volents obijar a lur inich proposit haiam proueit et ordonat que vos siats en Arago, en la frontera de Nauarra, ço es en aquell loch on conexerets esser pus necessari. E que façats traure totes les viandes dels lochs plans et aquelles façats metre en les forçes, e per ventura si les gents de la terra hi fahien difficultat, ço que no deuen fer, aquelles façats cremar, car mes val que aquelles sien consumades o perdudes que si seruien als enemichs. E per aço mateix façats fer de tot lo moble dels dits lochs plans qui portar se puxe e que tots los bestiars que dins les forçes no poran estar façats entrar dins Arago o vers les parts de Morella[2].

A la même époque, des bandes françaises de routiers et de pillards engagées par le roi Henri quittaient le Languedoc pour se diriger vers la Castille. Le lieutenant du gouverneur du Roussillon demanda à Pierre IV s'il devait autoriser le passage des

1. L'année de la Nativité ayant commencé le 25 décembre, le 31 du même mois appartient encore à l'année 1366.

2. Reg. 1214, fol. 136.

compagnies de M. de Mauny, et le roi lui répondit par lettre du 29 décembre :

Nos no volem nens plau que companyes algunes estranyes passen per nostra terra, per que volem que vos ab aquelles millors maneres que porets façats ab ells que per res no entren en ço del nostre per les parts de Rossello, dientlos que pus amichs son nostres e van en valença damich nostre, deuen passar per aquella part de nostre Regne que menys dapnatge façen e que hom los dara loch que passen per les muntanyes de Jacca de L. en L. segons que demanen. E com veesets que per grat o per forsa volguessen entrar per aquexes partides, volem eus manam que, ab totes aquelles maneres que semblant vos sera, los deffenats los passes et entrades de Rossello, de manera que algu nonich pas e si assaiar ho volran, quey troben tal resistencia que sen tornen volenters.

Mais d'autres bandes avaient fini leur engagement avec Henri de Trastamare et quittaient la Castille pour retourner en Languedoc et en Gascogne. Dans les derniers jours de janvier 1367, le roi Pierre d'Aragon ordonna à Fray Guillem de Guimerà, chevalier de l'ordre des Hospitaliers de Jérusalem, d'accepter le commandement militaire de la ville de Lérida « per guardar e defendre que les companyes dels franceses qui ia son dins nostra senyoria en Arago, no puxen aquella dampnificar, en cas que passen per Cathalunya ; » et il écrit au vicomte de Rocaberti, à Dalmau de Queralt et au viguier de Vilafranca del Penedés :

Fem vos saber que de cert hauem sabut que mossen Bertran de Claqui ve ab mil lances et no tinentse per content de ço que li hauem fet, creem que dara o fara en nostra terra tot aquell maior dampnatge que pora. Per que expressament vos dehim eus manam que vista la present et tots altres affers lexats, vingats a nos ab tots aquells mes homens de cauall que amenar porets, com nos vullam que vos siats ab nos ans quel dit mossen Bertran sia en aquestes parts [1].

Le comte d'Urgell ayant informé le roi qu'il avait eu une

1. Ces lettres sont datées de Barcelone, 30 janvier 1367 ; registre 1214, fol. 139 à 141.

conférence avec Du Guesclin, en Aragon, et que celui-ci était disposé à s'entendre avec Pierre IV, sur le chemin à prendre pour son retour en Languedoc, Pierre lui répondit par lettre du 30 janvier :

Nos ajustam nostre poder de Cathalunya et de Regne de Valencia de guisa que con els afers venguen, nos siam forts et poderosos per fer ço ques pertanga a nostra honor. Apres sapiats que hauem reebuda una letra de Romeu des Puig, qui es ab mossen Bertran (Du Guesclin), la qual vos trametem e.... parria a nos quel deguessets fer venir deuant vos et que sabessets dell si per lo tractament quens diu o per altra manera se poria fer quel dit mossen Bertran et ses companyes fessen altre cami...... et si de res vos en podets aiudar que tornen a nostre seruey, fetsne ço que us parra segons que de vos se pertany.

Il paraît donc que le roi d'Aragon autorisait son neveu le comte d'Urgell à engager les bandes de Du Guesclin pour se défendre contre les alliés de Pierre de Castille.

Malgré ces probabilités d'entente, Pierre IV activait les mesures préventives. Il ordonne à son fils et lieutenant de lui envoyer de Valence deux cents cavaliers et au maître de Montesa de venir à Barcelone avec tous les chevaliers de l'ordre ; il écrit aux prélats, nobles, barons, et représentants des villes réunis à Valence, dans le bourg de Sant Mateu, pour la célébration des Cortes, que le passage probable des compagnies françaises, en route pour leur pays, l'empêchait d'assister personnellement à l'assemblée :

E per la dicta raho nos conuenga romandre en Cathalunya per aiustar los homens a cauall cathalans, per tal que poderosament puxam defendre Cathalunya e per aço haiam scrit a nostre car primogenit lo Duch (l'infant Joan, duch de Girone), ques cuyt tant com puxa per anar celebrar les dites Corts en absencia nostra. Per ço us manam, requerim et pregam que reebeu lo dit nostre primogenit degudament et ab reuerencia, axi com aquell qui es part de nostre cors et representara nostra persona, en les dites Corts cregats et obeescats en totes coses[1].

1. Lettre de Barcelone, 14 janvier 1367 ; registre 1217, fol. 71.

Quelques jours après, Pierre IV recevait une lettre du comte de Foix, avec une nouvelle inattendue qui devait calmer momentanément ses soupçons et ses craintes. Gaston Phœbus, comte de Foix et vicomte de Béarn, dès qu'il apprit la conclusion d'une convention secrète entre le roi de Navarre et Henri de Trastamare, en vertu de laquelle les Anglais renonçaient à l'expédition en Castille, s'empressa de la communiquer au roi d'Aragon, en lui envoyant à cet effet un de ses écuyers. La conduite de Gaston Phœbus est étrange, puisque ses historiens, Gaucheraud, Castillon et les autres, assurent que le comte de Foix, à cette époque, penchait évidemment pour la cause des Anglais. Mais la lettre de Pierre IV à Mossen Arnau de Orcau, lieutenant du gouverneur du Roussillon, datée de Barcelone, 25 janvier, est très explicite :

A nos es vengut un escuder del comte de Ffoix et entre les altres coses hans recomptat que al princep de Gales, per la pau quel Rey de Nauarra ha feyta ab lo Rey de Castella don Enrich, no es possible dentrar en Espanya, ans es dacord de no entrar e per ço linfant de Mallorques ha hauts de les companyes qui eren ab lo dit princep, XIII capitans, qui seran MDC lances, ab les quals deu venir en Rossello et que lo germa de un quis diu Johan Guiter, lo qua Johan es ab lo dit infant e lo dit germa seu es en Rossello, tracta o deu hauer tractat que com lo dit infant vengua, tota aquexa terra se leuara ab ell, *e jatsia quel dit escuder nos haie dites moltes coses en secret, les quals nos trobem be que son veres, empero no donam fe a les dites paraules quens ha dites del fet del dit infant et daquexa terra* (du Roussillon).

Cette affaire reste quelque peu mystérieuse; on ne peut savoir si le comte de Foix penchait du côté de l'Aragon et désirait réellement l'échec de l'alliance des Anglais avec Pierre de Castille, ou si au contraire d'accord avec le prince de Galles, il se prêtait à rassurer Pierre IV par de fausses nouvelles et à le détourner du but principal, en portant son attention et son activité du côté du Roussillon, par la feinte d'une invasion immédiate et de la rébellion des partisans de la dynastie déchue. C'est un incident inconnu et intéressant, sur lequel il y a lieu d'appeler l'attention des historiens.

Trois semaines après les ordres donnés à Mossen Arnau d'Orcau, Pierre IV craignait encore l'entrée de Jacques de Majorque en Roussillon, entrée annoncée par le comte de Foix. Le roi écrit à Johan Vola, procureur des rentes en Roussillon, le 16 février, que « com haiam molts ardits quel infant de Mallorques, ab tractament e aiuda del princep de Gales, ab moltes companyes enten entrar en Rossello, per ço volem e manam » qu'il ait soin de ravitailler le château de Perpignan, dont on avait retiré beaucoup d'armes pour les porter au château d'Opol, à l'époque où il servait de résidence à l'infant Martin, fils du roi, et aux autres otages.

Revenons aux négociations engagées pour retenir comme auxiliaires les compagnies de Du Guesclin, congédiées par Henri de Trastamare. Par une lettre adressée au roi d'Aragon, à Barcelone, et datée du 29 janvier, le comte d'Urgell, qui se trouvait à Saragosse, lui annonçait avoir conclu la convention avec Du Guesclin; Pierre IV répondit :

> Quant es de la auinença que hauets feta ab mossen Bertran que romanga qui ab ses companyes per la manera que diets, plaunos per les rahons quens hauets fetes saber. Empero, fets ab ell que no començ la guerra en Nauarra, com mes amam esser valedors que principals et mes defenedors que offenedors, car tota vegada ne sera Deus mellor de nostra part [1].

Il y a là une importante déclaration, qui prouve le changement des idées et des projets de Pierre IV. Il ne veut plus prendre l'offensive contre la Navarre; il préfère attendre les événements.

Son ardeur belliqueuse est dirigée contre les compagnies françaises qui menacent de traverser la Catalogne. Il informe le comte d'Urgell, dans cette même lettre du 29, de sa résolution de quitter Barcelone le lendemain et de se rendre à Lérida avec quelques troupes, « et alli esperarem alcuns pochs dies les altres companyes quins deuen venir, *con ab letres de sanch* los hauem escrit

1. Reg. 1214, fol. 143.

ques cuyten et venguen detras nos, axi que fort breument nos haurets aqui (a Saragosse) ». En effet, Pierre IV quitta Barcelone; le 6 février il se trouvait à Vendrell, entre Vilafranca del Penedès et Tarragone, d'où il écrit cette lettre adressée au roi de France :

Serenissime princeps consanguinee carissime, recedendo ab Illustri Henrico rege Castelle magister Iuo Derian secretarius vester qui ad dictum Regem pro faciendis inter vos et ipsum alliganciis ex parte vestra sicut accepimus per eum accesserat simul cum Iuone de Tramanego scutiffero ad nos venit vt inter vos et nos alligancie similes firmarentur et certe quamvis iam inter vos et nos amor vigeat et confederacio ac alligancie sint et esse credamus ad inuicem honoremque vestrum pro ut et vos nostrum nos carum in omnibus tanquam proprium reputemus. Tamen pro maiori eorum validacione ac renouacione et super quibusdam aliis utriusque nostrum comunem honorem tangentibus nobilem et dilectum consiliarium et camarlengum nostrum ac vestrum Ffranciscum de Perillionibus vicecomitem Rode ante predictorum aduentum proposueramus in ambaxatorem nostrum ad vestram presenciam destinare. Set quia inter principem Galearum et dictum Regem Castelle ac nos tenemus effirmo quod bellum fiet de proximo dictus vicecomes vel alius equiualens noluit nec vult hoc casu a nobis recedere nec dictam vel aliam facere ambaxatam. Statim autem cum dictum bellum fecerimus vel antea si forsitam differatur dictum vicecomitem vel alium ex baronibus seu militibus nostris transmittemus ad vos super premissis et aliis de intencione nostra liquide atque plenarie informatum. Datum in loco de Vendrello sub nostro sigillo secreto VIa die ffebruarii anno a Natiuitate Domini MCCCLXVIII. Rex Petrus [1].

Il faut donc constater qu'en janvier 1367, Ivo de Erian, secrétaire du roi Charles V, fut chargé d'une ambassade à la Cour de Castille destinée à préparer une nouvelle alliance d'Henri de Trastamare avec la France, et ce fait indique que Charles V avait modifié sa politique de l'année précédente, époque à laquelle il laissait croire que le duc d'Anjou, son frère, s'occupait seul des négociations relatives aux affaires d'Espagne. Maintenant, c'est le roi de France lui-même qui envoie l'ambassade et propose des alliances offensives non seulement à Henri de

1. Reg. 1214, fol. 148.

Trastamare, mais aussi à Pierre IV. Le péril s'est accru pour les trois souverains : les Anglais, avec Pierre de Castille, ont déjà franchi les Pyrénées et menacent de passer bientôt l'Ebre. Le roi de Navarre, avec sa politique énigmatique et inconstante, va rendre plus délicate la situation de Charles V et de Pierre IV.

Ce dernier est à Tarragone le 9 février, et de là il ordonne encore à tous ses officiers de se préparer à empêcher par tous les moyens le passage à travers la Catalogne de Du Guesclin et de ses compagnies, qui retournent en Languedoc. Il écrit aussi à Fray Guillem de Guimera, chevalier hospitalier de Jérusalem, que Du Guesclin devant probablement passer avec un millier de lances aux environs de Lérida, ledit chevalier, comme capitaine de la ville, doit pourvoir à l'approvisionnement des forteresses.

Le 20 février, Pierre IV est à Lérida, et les nouvelles des mouvements de l'armée du prince de Galles en Navarre augmentant ses frayeurs, il ordonne à Nicolau de Proxida de mettre en parfait état de défense les places importantes d'Alicante et d'Orihuela :

E encara hauem ardits certs que algunes ciutats et viles de Castella se son alçades nouellament contra lo Rey de Castella, a nos car com a frare, perque volem eus manam sots lomenatge que fet nos hauets que ab sobirana diligencia gardets et façats guardar Oriola et Alacant et los altres lochs de la vostra procuracio [1].

Pierre IV laisse voir ses craintes à son fils aîné par deux lettres du 17 et du 20 février, datées de Lérida et envoyées à Valence, où l'infant héritier préside les Cortes :

Per les dites letres (de Ximenez de Urrea) porets saber clarament nos et nostres afers en quin punt som, *e es tal que no entenem que nos sens batalla puxam defendre nostra terra*, axi que ajustam nostre poder al mes que podem et fort breument ab aquelles companyes que haiam poques o moltes, partirem daci ens nirem en aquella part on los enemichs sabrem que deien entrar en nostra terra *et venim acordats de metre nostre fet al juhi de Deu e de hauer batalla ab los enemichs.*

1. Reg. 1214, fol. 150.

Il dit encore que le Prince de Galles et Pierre de Castille sont sur les frontières de l'Aragon, vers la Navarre et que le comte d'Osona est du côté de la Catalogne :

E si nos, molt car fill, prestament no som justat ab nostre poder per accorrer la on maior mester sera, nos et los nostres regnes et terres porien encorrer tan gran perill et dampnatge quens seria mol greu de reparar[1].

Et ce qui montre mieux encore la manière dont Pierre IV comprend la gravité extraordinaire des événements, c'est une autre lettre, du 9 mars, datée elle aussi de Lérida et adressée à son fils, pour lui communiquer les dernières nouvelles envoyées par Lope de Gurrea, qui se trouve à la frontière de Navarre :

Per aquelles porets veure nostres afers en que estan et si hauem temps nos ne vos de entendre o oyr plets[2] ne questions, mas quens cuytem nos et vos ens aperellem de defendre nostres Regnes et terres e deu a nos mils bastar lo cor de defendre *que als enemichs qui jals han partits entre si de conquistar o que muyram nos et vos ab honor et defenen ço del nostre, com mes val be morir que mal viure.* Per moltes letres vos hauem escrit com nos, nos entenem a combatre, car no veem que en altra manera puxam defendre nostres terres e no par que vos ne aqueys de la Cort (les membres des Cortes de Valence) o creegats neus en sintats, de que molt nos marauellam en reprenenvos et vostre consell et molt mes los de la Cort. Perque us manam eus pregam sots obteniment de benediccio paternal, quens trametats aquells mes homens a cauall que hauer porets daquex Regne (de Valence).

A la fin de la lettre le roi dit qu'il quitte Lérida le jour même (9 mars), pour Fraga et Saragosse.

Bien que le roi d'Aragon eût donné des ordres sévères pour défendre aux compagnies françaises de passer par la Catalogne, il conservait encore des relations très amicales avec les principaux chefs ; et une fois de plus il donna de l'argent à Du Gues-

1. Reg. 1217, fol. 88-90.

2. L'infant avait adressé peu de jours auparavant une consultation à son père, sur la procédure à suivre et sur la solution de petites querelles d'un intérêt particulier ou secondaire.

clin pour acheter sa bienveillance. Par lettre de 28 février, Pierre IV dit au Comte d'Urgell :

Car nebot, nos nos som conuenguts ab mossen Bertran de Claqui per manera que nos nexim be e ell se partex be pagat de nos e entre les altres coses li hauem a fer dar en Saragoça tantost que ell hi sia V^m florins, per que us pregam e us manam que, dels X^m florins assignats a l Reyna de Castella (femme d'Henri) o dels drets de les faltes o restes que hauem aqui o de tota altra cosa de que abans se puxen hauer, li façats pagar..... cor per altra cosa lo dit mossen Bertran no ha a romanir aqui [1].

Ces cinq mille florins, Du Guesclin devait les toucher à Saragosse. En même temps Pierre IV fait cadeau au fameux capitaine breton d'un mulet avec ses harnais, acheté treize cents *sueldos* à Bernat de Perapertusa, écuyer royal.

Le roi d'Aragon ordonne aussi à son trésorier de payer au plus tôt au maréchal français Arnal d'Audrehem, un des auxiliaires d'Henri de Trastamare, la pension annuelle qu'il lui avait accordée :

Ja creem que sabets com nos encany donam al manescal Daudeuant duo milia florins dor de renda e ha I. any el haura tost que le foren per nos atorgats, axi que li son ia deguts los dits II. milia florins e com nos entrels altres barons e caualiers de les companyes franceses del dit Manescal nos tingam per molt be seruits, axi com daquell del que som certs que es special seruidor nostre...

Nous croyons qu'à ce moment-là Pierre IV avait plus de confiance ou plus de reconnaissance pour d'Audrehem que pour Du Guesclin.

Comme auxiliaires au service de l'Aragon nous trouvons aussi deux nobles Italiens, les frères Jean et Xibaut, marquis de Busca, Piémontais (*de les parts de Pedamunt*).

Les craintes du roi d'Aragon se sont réalisées en partie, puisque le fils de Bernat de Cabrera, le comte d'Osona, ennemi

1. Reg. 1217, fol. 114.

de Pierre IV, a pu entrer en Catalogne et soulever le vicomté de Cabrera, à la fin de mars, tandis que du côté de la Sardaigne, la rébellion du prince d'Arborea ne cesse de grandir.

Au milieu de complications qui augmentent de jour en jour, les craintes du roi sont plus grandes que jamais. Il écrit à l'évêque d'Urgell :

> Façats ben guardar los passes de la vall Dandorra et altres que a vos parega e si gents darmes si acostauen, trencat los dits passes e axi matex fets estar apercebuts tots vostres homens de cauall e de peu per defendre aquelles partides et per secorrer a les parts de Cerdanya [1].

Il mande aussi à ses officiers de Huesca :

> Por la preson del rey de Nauarra no tardedes punto ne hora de exequir et complir las prouisiones que vos hauemos enuiadas por nuestras cartas assin de, enderrocamiento de las isglesias et casas qui son cerca de la tallada de Oscha como del despoblamiento de los lugares flacos de las terras de Oscha.... porque segun los ardides ciertos que hauemos es de muyt gran necessidat que assin se faga sin toda dilacion [2].

Aux officiers d'Ejea il envoie l'ordre de démanteler la place, afin que les ennemis ne l'occupent pas. Il serait interminable d'énumérer les mesures dictées par le roi en ces moments d'angoisse et d'incertitude.

Le 14 mars il était déjà à Saragosse, d'où il adressa, le 22, une lettre à la reine, pour la supplier de venir le rejoindre : elle ne serait pas exposée á trouver sur sa route les bandes françaises, qui renonçaient à retourner en Languedoc et restaient en Aragon et en Castille.

Cependant, Pierre IV se demandait si le plan des alliés de Pierre le Cruel était de ne pas rompre les hostilités avec l'Aragon, de conserver l'état de paix ou de trêve indéfinie et de se borner au renversement d'Henri de Trastamare. Dans sa lettre

1. Lettre du 6 mars 1367; registre 1217.
2. Lettre du 14 mars; reg. 1217.

au gouverneur de Majorque, le 31 mars, le roi explique pourquoi il avait ordonné à son fils de venir en Aragon avec ses troupes, avant de savoir que cette mesure avait été critiquée à la cour de l'infant : « per esser ab nos en la batalla que enteniem hauer ab qualsque gents estranyes volguessen entrar enamigablement en Arago axi com esperauem ques faria et encara dubtam sis fara. » La satisfaction de Pierre IV est manifeste quand il commence à découvrir que l'expédition des Anglais en Espagne ne comporte pas dans son programme l'invasion de l'Aragon avec les Navarrais ou avec les Castillans de Pierre.

Le moment critique arrive enfin le 3 avril, quand Henri de Trastamare est battu et renversé par le Prince de Galles et les autres auxiliaires de Pierre le Cruel. Le 7 du même mois, Pierre IV a déjà appris la funeste bataille de Najera et a décidé de convoquer et de réunir promptement les Cortes de Catalogne à Lérida. Il écrit aux évêques d'Urgell et de Girone :

Hauem haut ardit cert que dissapte prop passat a III dies del present mes dabril lo rey Don Enrich fo vençut et desbaratat per lo princep de Gales et per lo rey Don Pedro, per la qual cosa se coué reforçar nostre poder per manera que puxam defendre esforçadament et segons ques pertany los Regnes et terres nostres e per aço hauem ordonat que tingam Corts als cathalans en Leyda a XXV dies del present mes, per que us pregam que lexats tots afers vos personalment siats a Leyda [1].

Il écrit aussi au malheureux Henri :

Rey amigo que tenemos en conta de hermano, nos el rey Daragon vos enuiamos muyto a saludar deseando que Dios vos torne vuestros afers assi como cobdiciades e femos vos saber que con gran desplazer et dolor de coraçon hauemos entendido la desauentura que vos ha acaescida en lo feyto de la pelea que houiestes con el princep, pero pues que a Dios ha plazido gradescetlo a ell e tomat aquell buen esfuerço que pertanesce a buen Rey porque fiamos en Dios que ell tornara vuestros aferes por tal manera que seran honra vuestra.

1. Lettre du 7 avril 1367, à Saragosse ; reg. 1217, fol. 145.

Par une seconde lettre à Henri de Trastamare (7 avril), le roi d'Aragon l'informe qu'il a reçu son messager, lequel a prié Pierre IV d'envoyer un certain nombre de chevaliers, commandés par Pierre de Luna, à Calatayud, lieu stratégique, pour encourager et appuyer les populations des environs de Soria, qui restaient dévouées à Henri après la bataille de Najera :

Et entendedes que tantas de las companyas qui eran con vos a la pelea se vendran a vos que con ellos et ayuda de los nuestros qui serian a Calatayud poriades revenir vuestros afers. E dixonos mas, que nos rogavades que vos fiziesemos armar vna galea en Barchinona con que podessedes ir enta Sibilia (Séville), on vos respondemos que nos, hovido consello sobre esto luego quando supiemos el vuestro tal acaescimiento, acordemos de enviar companyas a Calatayud..... et quanto al otro feyto de la galea, vos dezimos que a nos parece que podiessedes ir con la galea de Pere Bernat, segun lo poredes saber por en Lagostera, qui de camino se va a vos e si veyedes que fazer no se pueda tan ayna como vos hauedes menester, parecenos que podiessedes ir a Valencia et alla trobaredes II. galiotes et otros lenyos, con los quales poriades ir mas desembargadamente que si haviades attender que nos vos armassemos la galea que demandades, porque hauria menester mas tiempo.

Cette lettre nous révèle trois faits importants : d'abord, que Henri de Trastamare, trois jours après sa défaite jugeait encore possible la continuation de la lutte et de la résistance ; ensuite, que le roi d'Aragon ne désapprouvait pas les intentions de son ancien allié ; et enfin, que la dramatique fuite d'Henri aux Pyrénées pour gagner la France, ne fut ni si soudaine ni si cachée que l'ont dit les historiens, puisque le 7 avril il correspond avec Pierre IV et paraît être en Aragon, pas très loin de Saragosse.

Quatre jours plus tard, Pierre IV est informé de la prochaine arrivée à la frontière de la femme d'Henri, accompagnée de l'archevêque de Saragosse, et il écrit, le 11 avril, à Mossen Francesch Çagarriga, qui se trouve à Daroca, de bien accueillir la reine.

Empero, porque entendemos que muytos castellanos vernan a la dita Reyna et seria periglo si ella fincava muyto en la dicta ciudat (Daroca), queremos que apres III o IIII dias se vienga por aqui o en Muntalban, do mas querra.

On découvre chez Pierre IV le désir de ne rien faire qui puisse déplaire à Pierre le Cruel; c'est ce sentiment qui l'anime quand il ne permet pas que la femme d'Henri puisse rester près de la frontière et être en relations avec les partisans de son mari. Il commençait déjà à comprendre que grâce à la neutralité il pourrait conserver la paix avec la Castille et la Navarre et qu'il n'avait que ce seul moyen d'éviter l'invasion des alliés. C'est à ce plan que Pierre IV sacrifia ses devoirs d'amitié et d'alliance envers son protégé, déjà battu et ruiné. La raison d'État et le salut du pays exigeaient cet abandon : l'histoire ne saurait s'en prévaloir pour condamner toute la politique de Pierre IV.

Nous n'admettons pas la manière dont M. Catalina García a jugé le changement de conduite de Pierre IV, un des anciens alliés d'Henri de Trastamare « fáciles á la fortuna favorable, tanto como hoscos á la adversa ».

De los efectos del cambio pronto dió el aragonés varias muestras, tomando á su hija, prometida del hijo de D. Enrique y declarando disuelto el enlace convenido; manifestandose tan poco hidalgo con la mujer del bastardo, á pesar de los poderosos amigos que este tenía en la corte aragonesa, que ellos mismos la aconsejaron se alejase de ella y fuese en busca de su marido, y, por último, acojiendo la amistad del príncipe inglés y por consiguiente del rey D. Pedro, quienes ahora daban mucha importancia á esta amistad, para que Aragon no pudiese ser ni refugio de Enrique, ni base de sus futuras empresas.

Le roi d'Aragon s'efforce de ne donner de motifs de plaintes ni à Pierre de Castille ni à Charles de Navarre. Par une lettre du 15 mai, datée de Saragosse, la reine de Navarre témoigne à Pierre IV sa crainte qu'Olivier de Mahuny et les chevaliers qui sont à Borja, ne commencent la guerre contre la Navarre, bien qu'il ait défendu les hostilités, et elle le supplie de lui dire si les Français de ces bandes inquiètent les populations de la frontière.

Malgré ce changement dans la politique péninsulaire, le roi d'Aragon n'abandonne pas ses dispositions préventives et se tient prêt à résister à un coup de main. Le 13 avril il écrit à son fils :

Per aço vos manam que a la maior cuyta que fer se puxa façats acabar lo mur de Barchinona qui es començat entre la ciutat et la mar et en aquella part on nol car fer gros perqué pora esser abans fet. E axi mateix fets escurar et afondar los valls de la dita ciutat et metre apunt tots los murs et la dita ciutat de manera que la dita ciutat sia be defenent a tot poder.

Il ordonne aussi de restaurer les murs de Lérida et de démolir les maisons situées hors de l'enceinte; dans tout le Roussillon il fait abandonner les villes et bourgs ouverts pour les châteaux ou lieux fortifiés.

Mais les désirs de pacification augmentent chaque jour aussi bien à la cour de Saragosse qu'à celles de Burgos et de Pampelune. Le prince de Galles est le premier partisan de cette politique, qui lui permettra de mettre un terme à ses affaires d'Espagne et de retourner à Bordeaux, repenti de son alliance avec Pierre le Cruel. Ayala et Zurita affirment que l'initiative des négociations venait du prince anglais, qui envoya le célèbre Huch de Calverley comme ambassadeur en Aragon. Nous avons trouvé un document qui semble indiquer que l'initiative vint de Pierre IV.

Car primogenit, los nostres missatgers que hauiem trameses al princep de Gales son tornats et creem quesson convenguts ab lo princep sobre aço por quels hauiem trameses, segons que vostre canceller de manament nostre vos ho fa saber pus largament, pero per aço no estiats de fer alçar viandes et altres coses, segons que ja us escriuim per altres letres. Dada en Saragoça sots nostre segell secret a IIII dies de juny del any MCCCLXVII. Rex Petrus [1].

Pourtant une autre lettre du roi au vicomte de Roda semblerait démontrer l'initiative du prince de Galles :

Del fet del tractament de la pau començat entre nos et lo princep e lo Rey Don Pedro, als al present no us podem fer saber sino que es ver que mossen Huch de Caluiley et mossen Guillem Eliman, los quals de part del

1. Reg. 1217, fol. 193.

princep vengueren a nos en aquells dies que vos daci partis, sen tornaren al dit Princep ab mossen Ramon de Peguera et mossen Jacme Desfar missatges nostres, e apres son tornats et es estat auengut entre lo dit princep et los nostres missatges, que missatges solemnes de cascuna part vaien a les marches o fronteres Darago et de Castella per tractar et acordar lo fet de la dita pau, con encara no son venguts a neguna especialitat. E huy partexen de nos per missatges nostres lo bisbe de Leyda, lo Castella Damposta, lo Comte Durgell et lo Vescomte de Cardona; et mossen Jacme Dezfar es ja partit, ques ne ana ensemps ab mossen Huch a Faritza (*Ariza*). Nos fem aturar açi lo caualler quel Rey de França nostre cosi, nos ha trames per tal que per ell li puxam fer saber tots los afers segons que seran passats et a vos semblantment escriurem tot clar de ço que los missatges finaran e siats certs, vescomte, que aytant mes com nos porem, nos entenem a guardar la amistat et la honor de la casa de França, pregantvos et manants que us aturets en aquexes partides tro que de nos haiats altre ardit [1].»

Ce document est très intéressant et nous montre les dessous diplomatiques de l'époque. Pierre IV entrait en négociations avec les Anglais et avec Pierre de Castille sans en informer son allié le roi de France. Son amitié pour Charles V ne va pas jusqu'à faire la guerre au prince de Galles pour le détourner pendant quelque temps de la France; mais il comprend la nécessité de maintenir l'entente avec le duc d'Anjou et de satisfaire l'ambition du vicomte de Roda, son premier conseiller et homme d'État, qui semble être plus le serviteur et l'auxiliaire de Charles V que de Pierre IV; son influence et son prestige à la cour de Toulouse et à celle de Paris est considérable, et il surveille la cour de Saragosse pour obliger le roi d'Aragon à respecter les conventions antérieures.

Les négociations des ambassadeurs de Pierre IV et du prince de Galles ont lieu à Ariza. Ces ambassadeurs sont pour le roi d'Aragon Joan Fernandez de Heredia, chevalier hospitalier de Jérusalem et châtelain d'Emposte, Romeo Çescomes, évêque de Lérida, l'infant Pierre, comte d'Urgell, Ramon Folch, vicomte

1. Lettre du 15 juin 1367, Saragosse; reg. 1217, fol. 198.

de Cardona, et Jacme Dezfar; pour le prince de Galles : Huch de Calverley et Guillaume Eliman.

Pierre IV donne à ses ambassadeurs les instructions suivantes :

Manamvos que en los capitols que us ne hauets portats sobre la missatgeria per que certs de nostra cort et de nostra senyoria van a Fariza sobre los tractes que son entre nos et lo princep de Gales, metats micer Bertran Dezvall, axi que lo dit micer Bertran sia haut per missatger et capia entre vosaltres en tots tractaments et consells que aquis faran.

Il est étrange que le roi adjoigne un autre personnage à l'ambassade, peu d'heures après le départ des cinq personnes déjà citées; cette lettre de nomination de Dezvall porte, elle aussi, la date du 15 juin.

Six jours plus tard, Pierre IV reçoit une lettre du prince de Galles et de l'évêque de Burgos accréditant Huch de Calverley, mais un détail matériel l'étonne :

Es ver que som marauellats com la letra del princep tramesa a mossen Nuch no es signada de sa ma ne daltra, car entes hauem quel princep acostuma de signar les letres que tramet[1].

Le prince anglais proposa de prolonger les négociations, et Pierre IV y consentit :

A nos plau lallongament, que creem que sia axi com mossen Nuch (de Calverley) nos fa saber per la vostra creença e volem que romangats segons que ja fem saber per altra letra als altres missatges nostres. E quant a allo que diets que mossen Nuch vos ha dit que estiats ferms en aquells fets declarats en vostra letra, plaunos e us manam queu digats a vostres companyons[2].

Il semble que Calverley, peut-être sur une instruction secrète du prince de Galles, voulait favoriser le roi d'Aragon plutôt que

1. Lettre du roi à ses ambassadeurs, 21 juin 1367, Saragosse; reg. 1217, fol. 199.

2. Lettre du 21 juin, à Jaume Desfar, ambassadeur, à Ariza; reg. 1217.

l'allié de son seigneur, le roi Pierre le Cruel, et il conseille aux ambassadeurs de Pierre IV de ne pas modifier les propositions qu'ils ont présentées.

Le roi d'Aragon correspond alors activement avec Francesch de Perellós, vicomte de Roda, son représentant à la cour de France.

Charles V doit à Pierre IV une grosse somme à payer en florins. Perellós propose au monarque catalan d'aller à Paris pour régler l'affaire promptement. Pierre accepte et lui envoie P. Dezplá, un des officiers de la Trésorerie, avec pleins pouvoirs pour recevoir la dette; et comme preuve de gratitude pour ce service il promet au vicomte dix mille florins et quelques autres privilèges :

E si tots los dits florins hautns plaunos et volem, com dit vos hauem, quen haiats X^m^ florins que us hauem promes o per raho de ço que sen haura per examplament del vostre vezcomdat, per exemplar lo qual nos tenim per tenguts quen façam molt maior gracia que aquesta con la merescats, be esguardats los serueys asenyalats que tro sus aci nos hauts fets e us esforçats de fer tot dia continuament.

Il est indubitable qu'à la mort de Bernat de Cabrera, Francesch Perellós devint le premier personnage de la cour de Pierre IV [1].

Nous ne savons si Perellós se présenta à Charles V pour réclamer cet argent; à la fin du mois de juin, il se trouvait à Toulouse, auprès du duc d'Anjou; ce prince et le vicomte de Roda écrivirent à Pierre IV, à Saragosse, en le suppliant de faire durer les négociations avec le prince anglais, jusqu'à ce qu'il eût entendu le chevalier Gauvain de Bailleul, envoyé spécial du roi de France. Par lettre du 29 juin, Pierre IV informa Perellós qu'il avait parlé au chevalier.

E apres alguns dies lo dit missatger fo deuant nos ab letra de creença del dit rey de Ffrança et del Duch... ens explica tot ço qui era passat ne estat

1. Lettre du 22 juin 1367; reg. 1217, fol. 202.

parlat entre vos de nostra part et lo dit duch Danjou et lo Consell del dit rey qui es de les parts deça e com los dits duch et consell daço hauien escrit al dit rey de Ffrança et que dins breus dies ne deuien hauer resposta final.

Le chevalier de Bailleul dit au roi d'Aragon qu'il n'était autorisé ni à signer une convention, ni à transmettre à Charles V et au duc d'Anjou les observations et les propositions du monarque catalan, mais que ce même monarque pouvait envoyer directement un de ses conseillers :

E nos veents quel dit missatger no hauia aportades sino paraules generals et no de alguna specialitat de fet sobre les quals nos nos poguessem en res fermar, responemli que be podien saber los dits reys de Ffrança, Duch et Consell que *nos ab generalitats ni ab paraules no podiem fer nostre fet con lo Princep* (de Gales) *et lo poder seu fos en Espanya aperellat de acostarse a nostres fronteres.*

Pierre IV dit encore à Gauvain de Bailleul que, par suite de la limitation de ses pouvoirs il adresserait une lettre à Perellós pour lui communiquer ses vues et pour que celui-ci les communiquât ensuite au duc et au Conseil du roi de France :

Con los pugats dir que segons que saben be nos hauem haudes grans guerres et specialment de XI anys a ença, per les quals nos et nostres Regnes son venguts a estranys perills, que veiam en lo cas, dat lo perill qui apperellat nos esta, no solament si requiren paraules ni profertes generals, ans si requir obra et gran aiuda per la qual sia contrastat al inich proposit de nostres enemichs. E marauellamnos encara del dit Duch d'Anjou et del Consell del dit Rey de Ffrança, con per les paraules quel dit missatger nos ha reportades entenem que aquelles sien bastants de empararnos de tan sobrera guerra con aquesta e que nos parem primer et que metam nostres Regnes et terres en tan forts punt, car be poden entendre et pensar quel Princep et lo Rey Don Pedro son ustats ab lo maior poder que poden e que volran esser clars ab nos de pau o de guerra. E si nos preniem lo partit de la guerra hauriem mester del dit Rey (de France) et de son Regne altre millor esforç que no son paraules generals, per lo qual esforç, ab la aiuda de Deu, nos poguessem contrastar al inich proposit de nostres enemichs et guardar de dan nostres Regnes et terres.

En conséquence, Pierre IV ordonne à Perellós de s'efforcer d'obtenir la protection et l'aide effectives de la France :

4

Axi que aportets a punts certs tot ço quel dit Rey de Ffrança enten a fer per nos en los dits afers et nos de quina ajuda podem fer compte que haiam dell[1].

Des paroles de Pierre IV on peut inférer qu'il redoutait encore de voir ses terres envahies par les alliés de Pierre de Castille, et qu'il englobait alors la France dans sa méfiance. Il doute de la bonne foi de Charles V et de son frère le duc d'Anjou et se demande si ceux-ci désirent le tenir dans des liens étroits, sans lui rien accorder, jusqu'au moment où la France saura si elle recommence ou non la guerre contre les Anglais. La diplomatie du roi d'Aragon se tirera de ce conflit ; il réussira à s'entendre avec le prince de Galles et avec Charles de Navarre, sans perdre l'amitié de la France.

Pierre IV avait raison de douter de la probité de Charles de France, l'histoire de ce prince le prouve. M. Edmond Meyer, dans son livre sur le roi Charles de Navarre, a mis en évidence des actes de mauvaise foi du monarque français. En réalité on peut dire qu'aucun des personnages du drame n'en était exempt, quelles que fussent les différences d'âge et d'expérience[2].

Malgré les avertissements et les supplications de Perellós et du duc d'Anjou, qui ne sont que l'écho du Conseil de Charles V, Pierre IV continua les négociations avec le prince de Galles, et dans la dernière semaine de juillet il lui envoya encore d'autres ambassadeurs parmi lesquels figurait don Lope de Gurrea. Son voyage ne fut pas sans dangers, quelques compagnies de Gascons, auxiliaires de Pierre de Castille, ayant traversé l'Èbre pour se livrer au pillage sur le territoire aragonais.

Perellós adressa une autre lettre à Pierre IV, le priant de lui

1. Lettre de Pierre IV à Perellós, Saragosse, 29 juin 1367.

2. En 1366, le roi d'Aragon avait 47 ans, Pierre de Castille 32, Charles de Navarre 34, Charles de France 29, son frère le duc d'Anjou 27, Henri de Trastamare 33, le prince de Galles 36, et Du Guesclin 46. Pierre IV était le plus âgé et le plus rusé.

dire où en étaient les négociations avec le prince de Galles afin de rassurer le duc d'Anjou. Le roi répond le 30 juillet, toujours de Saragosse :

Es ver que encara no hi ha res fet ne finat ans nostres missatgers hi deuen are tornar et deuense veure ab los seus en lo loch de Taraçona *e está en veritat que si nos fossem certs quens poguessem recoldar en la casa de Ffrança et en sa ajuda, nos en lo tractament de la pau tenguerem vna manera et demanarem moltes coses et are hauremne altra et callar ço que lauors demanarem*, perque nos haguerem plaer si sobre aço haguessem sabuda la volentat del Rey de França, empero bens plau que sapiats que per neguna auinença que façam ab lo dit princep nons entenem a departir de la bona amistat que hauem ab la casa de Ffrança ne de fer ligues ab ell per les quals desalt ne desamistança se pogues seguir entre nos et la casa de Ffrança. Item a aço quens diets que us marauellats que nos façam pau ab lo rey Don Pedro de Castella, vos responem que nostra intencio es de hauer pau ab tote et ab totes les persones del mon qui ab nos la vullen et no es nostra intencio de emparar part una ne altra en los afers del dit rey Don Pedro ne del rey don Enrich, *cor rabo nos han dada, ço es la I. que li vullam gran mal et laltre poch ben.*

Quant es del vostre anar al duch Denjou et Consell del Rey de França per estrenyer lo fet et per saber lur volentat, bens plau queu façats, *no entant quels donassets de res ferma esperança*, perque nos ne vos non poguessem venir a vergonya et de ço que sabrets escriuitsnos per correus cuytats, per tal que si nos encara no hauiem finat nostre tractament ab lo princep, poguessem mils acordar qual partit pendriem, car si ja hauiem finat, poch nos valria lajuda. Dada en Saragoça sots nostre segell secret a XXX dies de juliol del any MCCCLXVII. Rex Petrus [1].

Dans cette lettre, Pierre IV est plus sincère que dans toutes les précédentes; il avoue les raisons qui ont déterminé la nouvelle orientation de sa politique. Il ne se sent attiré vers aucun des deux frères qui se disputent la couronne de Castille, car Pierre le Cruel avait longtemps fait la guerre à l'Aragon et Henri n'avait pas tenu ses engagements envers son protecteur pendant le temps qu'il occupait le trône. La phrase par laquelle Pierre IV exprime ce sentiment de double aversion mérite de devenir historique :

1. Reg. 1217, fol. 210.

no es nostra intencio de emparar part una ne altra, cor rahó nos han dada, ço es la un que li vullam gran mal et laltre poch ben.

Il résulte aussi de cette lettre que Pierre IV se décida à continuer les négociations avec le prince de Galles, quand il vit arriver le moment critique soit de commencer les hostilités avec Pierre le Cruel et ses alliés soit de pactiser sans avoir obtenu de la France une assurance de protection et d'assistance en argent et en soldats. Les promesses de Charles V tardaient, mais il était encore temps pour lui de conclure une véritable alliance offensive, le roi d'Aragon lui donnant un dernier délai par l'entremise du vicomte de Roda qui semblait plus que jamais l'ami du roi de France. C'est ce même Pierre IV qui se demandait si l'inclination de Perellós vers la France, pourrait le porter à faire des avances excessives ou à accepter des conventions contraires aux désirs du roi d'Aragon : *no entant quels donasets de res ferma esperança.*

On ne peut savoir si Henri de Transtamare et son frère don Tello, à l'exemple de Perellós, priaient Pierre IV de ne pas négocier avec Pierre de Castille et le prince de Galles; mais nous avons une lettre très significative du roi Pierre IV au comte don Tello :

Comte, recebiemos vuestra letra que nos enuiastes por este hombre portador de la present, e respondemos vos que hauemos plazer de todo vuestro bien. E quanto es de nos sabet de cierto que no faremos sino lo que deuremos et siempre con toda verdat et lealtat, segunt siempre acostumbremos et fizieron los nuestros. Dada en Saragoça dins nostro siello secreto a VIII dias de agosto del anyo MCCCLXVII.

C'était la fière réponse d'un monarque lassé des avis et des supplications des partisans d'Henri et de la France.

Malgré les négociations, Pierre IV croyait encore possible une attaque imprévue des Anglais; aussi écrivait-il au capitaine de Tauste et aux magistrats municipaux de Sos :

Sabed quel Princep (de Gales) es en Alfaro et todas sus gentes son entre Alfaro e Logronyo; porque vos mandamos que vos guardedes et vos receledes muy bien et fagades guardar et recelar los lugares de vuestra capitania de guisa que no puedan seer escalados ni furtados[1].

Telle était la situation quand survint un incident gros de conséquences. Les Français des bandes de Du Guesclin qui occupaient la ville de Borja firent prisonnier un grand personnage gascon, le seigneur de Barbazan. Le comte d'Armagnac, ami de ce seigneur, protesta vigoureusement auprès du roi d'Aragon et ce dernier ordonna au capitaine de Borja de mettre immédiatement le prisonnier en liberté :

Be entes e regonegut lo dit fet sapiats que hauem hauda per fort mal feta la dita preso ... e per mostrar al Princep (de Gales)e a totes gents quel dit fet desplau molt a nos .... hauem fetes les prouisions seguents : primerament hauem ordenat que dema per lo mati partesquen daci Examen Perez de Salanoua, procurador de mossen Bertrand de Clequi e I francés dels de mossen Bertran per anar a Boria a fer ab lo Capita quencontinent lo dit Senyor de Barbesá sia liurat, al qual Capita diran con nos hauem fets pendre e tenim presos aci be XXX franceses, els entenem tots trametre al Princep si lo dit senyor de Barbesa no es encontinent deliurat. E daltra part hi trametem Garcia Biscarra sobrejuntero de Taraçona, per fer escombra del castell de Boria quis deu fer segons fur e axi matex hi tramctem la batle general daquest Regne per requerre la postat del castell de Boria.

Avec cette lettre adressée par le roi aux ambassadeurs alors à Tarazona pour les négociations avec le prince de Galles, nous avons trouvé un billet se référant à cette affaire :

Apres que haguem feta la letra nos vench en dubte que en quant lo Comte Darmanyach no ama nos ni la nostra casa, ell no hagues fet metre en fama que la preso aquella seria feta faent anar lo baro aquell a altra part on estigués secret, per dar occasio de torbar los tractaments o que de fet ell acordadament lagues fet pendre per fer moure lo Princep e darli occasio e manera quel Princep ab totes ses gents entras poderosament en aquest Regne... Escriuim vosho en aquesta cedula a fin que us en auisets et que puxats mostrar la letra sens la cedula als embaxadors del Princep[2].

1. Lettre du 8 août 1367 ; reg. 1217, fol. 215.
2. Lettre du 10 août, du roi aux ambassadeurs, registre 1217.

On voit à quel point Pierre IV tenait à ne donner au prince de Galles aucun motif de mécontentement et qu'il en arrivait même à menacer Du Guesclin et ses officiers pour accorder satisfaction de l'injure faite au prince anglais.

Non content de cela, il décida d'envoyer son conseiller et majordome Pedro Jordan de Urries au duc de Lancastre, projet qui dut être abandonné, ledit conseiller ne pouvant monter à cheval *causa infirmitatis secrete*.

En août, le roi de France adressa une lettre autographe à Pierre IV par l'entremise du chevalier Gauvain de Bailleul, que nous avons déjà mentionné, lettre à laquelle Pierre IV répondit qu'il garderait à Saragosse ledit chevalier jusqu'à la conclusion de la convention avec le prince de Galles, pour pouvoir lui donner des nouvelles de cet arrangement diplomatique. Mais la prolongation et le retard des négociations ne permit pas de retenir plus longtemps le seigneur de Bailleul, et le roi d'Aragon écrit le 22 août au roi de France :

On molt car e molt amat cosi, com los nostres ambaxadors los quals han estat ensemps ab los ambaxadors del princep sobrels dits tractaments ben dos meses entre diuerses vegades, sien ara tornats a nos ens haien feta plena relacio de tot ço que han fet sobrels dits tractaments, nos veents que encara los dits tractaments no han fi et que retenriem massa lo dit mossen Galuany de Baylol sil fahiem esperar mes auant, hauem acordat de remetreluos ab la present, per la qual vos significam quels dits ambaxadors nostres et del princep han axi acordat et fermat que ha treua entre nos et lo Rey don Pedro de Castella tro a la festa de Pasca de resurreccio primera vinent. E quant al fet dels tractaments tocant nos e lo princep, femvos saber molt car cosi que res encara noy ha finat, mas que son partits los dits ambaxadors nostres et seus que sien ensemps al XV die apres de la festa de Sent Miquel primer vinent per concloure et finar los dits tractaments entre nos et lo princep. E volem que sapiats molt car et molt amat cosi que en tots nostres affers es nostra intencio de hauer memoria de la bona amistança que es entre vos et nos et les nostres cases. Dada en Saragoça sots nostre segell secret a XXII dies dagost del any MCCCLXVII. Rex Petrus. Fuit directa Regis Francie[1].

1. Reg. 1217, fol. 230.

Pierre IV eut la courtoise sagacité de communiquer au roi de France la célébration de la trêve avec la Castille peu de jours après sa conclusion, en l'informant aussi que le 15 octobre recommenceraient les conférences avec les ambassadeurs anglais pour arriver à une entente définitive, laquelle ne serait en aucun cas contraire à l'amitié de la France et de l'Aragon. Malgré ce témoignage de déférence, la nouvelle de la trêve et des négociations dut être fortement désagréable à Charles V et au duc d'Anjou.

Le 4 septembre, Pierre IV répondait aux observations du duc d'Anjou et à sa demande en faveur d'Henri de Trastamare pour que celui-ci et ses soldats français pussent traverser la Catalogne et l'Aragon dans leur nouvelle expédition contre Pierre de Castille :

E fem moltes gracies al Rey de Ffrança et a vos de la bona proferta de la ajuda quens hauets tramesa a dir e jassia que de present la dita ajuda no haia loch per ço com lo princep de Gales sen es ja tornat en sa terra et no es passat per res de nostres terres. Empero graimvos aytant la dita proferta con si de present hauiem hauda la dita ajuda. Certificantvos que tots temps haurem plaer del be et de la honor del dit Rey et vostra et de la casa de Ffrança. Encara vos fem saber molt car cosi, que nos som en certs tractes ab lo dit princep, entre els quals ha I. capitol que nos no lexem passar per nostra terra lo rey don Enrich de Castella ne altres gens darmes vinents per occupar o esuahir les terres quel dit princep o lo rey Don Pedro de Castella poseexen. E aço deu durar daci a XV dies apres la festa de Sent Miquel primer vinent et encara apres aytant con duraran les vistes ques deuen fer et començar dins lo dit termini entre los missatgers nostres et del dit Princep. E com ara haiam entes quel dit Rey don Enrich se ajusta ab grans companyes especialment del reialme de Ffrança per anar a Castella passant per nostra terra, ço que no solament seria contra los tractes dessus dits, ans encara seria gran dan de nostres sotsmeses. Per ço la vostra bona amistat et perentesch affectuosament pregam, que vos no consintats en alguna manera que les dites companyes passen per nostra terra, ans los ho vullats del tot vedar, maiorment com no entenam que al Rey de Ffrança ne a vos placia ne sia intencio sua ne vostra que les dites companyes passen per nostra terra nens estrebantegen aquella nens maltracten nostres gents [1].

1. Lettre datée de Saragosse, 4 septembre 1367 ; registre 1218, fol. 3.

Pierre IV, décidé plus que jamais à rester neutre et à éviter les dangers que ne manquerait pas de causer le passage des bandes françaises, n'oubliait pas de donner secrètement quelques espérances de protection et quelques preuves d'amitié à Henri de Trastamare. Le 10 août il lui adressa cette lettre:

Rey amigo, nos el rey Daragon vos enuiamos muyto a saludar como aquell que tenemos en conta de hermano et por a quien querriamos que diesse Dios tanta vida et salut et honra como vos querriades, sabet que recibiemos algunas letras castellanas de las nuevas et estado de Castiella e enuiamosvosla porque entendemos quen hauredes plazer. Dada en Çaragosa dins nuestro siello secreto a X dias dagosto del año MCCCLXVII.

Mais les preuves d'amitié pour le vaincu de Najera n'allaient pas jusqu'à autoriser le passage des bandes recrutées en Languedoc; et le même jour où Pierre IV avait écrit au duc d'Anjou la lettre que nous avons reproduite, c'est-à-dire le 4 septembre, il en adressait une autre à Henri de Trastamare, pour lui expliquer les motifs qui l'empêchaient d'autoriser son passage:

Fazemos vos saber que nos somos en ciertos tractos con ell Princep de Gales et entre las otras cosas hi ha capitol que non dexemos passar por nuestra tierra vos ni otras gentes darmas vinientes por occupar et esueguir las terras quel dito Princep et el rey Don Pedro possiden en Castella e aquesto deue durar fasta XV dias despues de la fiesta de Sant Miquel..... E como haiamos entendido que vos vos ajunçades con grandes companyas por passar por nuestra tierra en entrar en las partes de Castiella, la qual cosa si ya no era passado el tiempo dessuso assignado seria contra los tractos sobreditos, por aquesto vos rogamos et requerimos como amigo que vos dentro el dito tiempo, el qual no puede muyto durar, non querades passar por nuestra tierra ne metre en aquella gentes estranyas que siet cierto que si lo faziades hauriamos voslo a vedar por todo o nuestro poder mal et grieu que nos sabria. Dada en Saragoça dins nostro siello secreto IIII dias de setiembre en el anyo de la Natiuitat de Nostre Senyor MCCCLXVII.

Cette lettre montre que Pierre IV, après l'expiration de la trêve avec Pierre de Castille, c'est-à-dire au delà du 15 octobre, serait probablement disposé à autoriser Henri de Trastamare à passer par ses États. Mais Henri ne voulait pas attendre un mois et demi, ses partisans en Castille le pressant de se mettre à la tête de la rébellion, et avant la fin du mois de septembre il pénétrait en Aragon, et arrivait dans la vallée de l'Èbre. Cette désobéissance irrita beaucoup le roi d'Aragon.

Par un curieux billet contenant des ordres secrets et accompagné d'une lettre datée du 11 septembre, Pierre IV annonce à son fils, l'infant Joan, que par suite de la prochaine arrivée d'Henri et du comte d'Osona, avec 200 lances, il fallait abriter dans les forteresses de Catalogne les céréales et les provisions, et appeler les hommes à l'armée par la proclamation de l'ancien *usatje* de convocation, *princeps namque* :

Si les companyes eren ja aconseguides aqui ans que vos, tenim per bé quels auets de prop per empatxar et detenirlos et ells no poran caminar e soferran gran afany de viandes e poran se perdre per fretera de aquelles e aço sabem nos per tal cor anam a Oriola per fornirla de viandes a nos sesdevench que no poguem anar de mati tro a prim son dues legues tant nos empatxaua lo poder del rey de Castella, qui continuament anaua prop la nostre. Pero si vos los erets tan prop que fos en les companyes de darvos la batalla et la us daven, caualcant ferissets en ells que pus siats ab couinent nombre de gent a cauall ferho porets ab la ajuda de Deu. E si ells axi con han en costuma de descaualcar quant volent dar batalla, lauors vos no la los donassets cor aquella es lur art de vencre lurs enemichs, mas estiguessets los tan luny que quant se acostassen a vos, vos vos poguessets a vostre pas caualcan lunyar dells tant tro que fossen huiats et lauors haurien a caualcar et quant fossen caualcats, si us esperauen axi, lauors poriets mils ferir en ells et si ells tornauen descaualcar et vos vos aturassets, exi con damunt es dit et per aquesta manera couendria que ells faessen petites jornades et ab gran affany on conuendria que morissen de set et de fam et de tot desayre [1].

Pierre IV donnait des instructions à son fils pour la tactique militaire à employer contre les routiers français, auxquels l'habitude de combattre à pied donnait un avantage sérieux ; et la haine qu'il manifestait à l'égard des soldats d'Henri de Trasta-

1. Reg. 1218, fol. 9.

mare, qu'il aurait voulu réduire à mourir de faim, s'accentuait du fait qu'un rebelle, le comte d'Osona, se trouvait parmi eux.

Pierre IV se sentit aussi offensé par le duc d'Anjou parce que celui-ci aidait Henri et le comte d'Osona à pénétrer en Catalogne contre sa volonté; son dépit perce dans la lettre qu'il lui écrit le 13 septembre :

Molt alt, amable et car cosi, jassia vos haiam ja daço escrit, empero per maior certificacio altra vegada vos fem saber que en los tractaments que son estats fets entre nos et lo princep de Gales es estat auengut entre los ambaxadors nostres et seus que sia treua entre nos de una part et lo rey don Pedro de Castella..... E com haiam entes quel dit rey don Enrich se apperella ab grans companyes del Reyalme de Ffrança per anar á Castella passan per nostra terra, certificamvos que nos per guardar nostra fe e perque no consentriem cosa que pogues esser reprensensio daquella ans tro al punt de la mort, qui es lo derrer cors dels homens en lo mon, estariem per defendre et sostenir aquella, car le fe es sobirana en los homens et de gran virtut, especialment en los Reys, qui son doctrina et exempli a les altres gents e per tal encara que nostres sotsmeses no sien dampnificats, no dariem paciencia que negunes gents estranyes passen per nostres Regnes et terres, pregants la vostra bona amistat et perentesch que vos no consintats en alguna manera ans vedets que les dites companyes et altres ab lo dit Rey don Enrich o en altra manera entren del Reyalme de Ffrança en nostres Regnes et terres dins lo dit termini (pendant la trêve avec Don Pedro)..... car en altra manera nostres sotsmeses los haurien a contrastar la entrada et passatge de nostres regnes [1].

On voit Pierre IV décidé à tenir ses engagements vis-à-vis de Pierre de Castille et à ne pas permettre que la France néglige ou annule indirectement ses conventions; il rappelle au duc d'Anjou que la bonne foi et la probité sont la grande vertu des princes, lesquels sont la règle et l'exemple du peuple, *la fe es sobirana en los homens et de gran virtut especialment en los reys, qui son doctrina et exempli a les altres gents*. Malheureusement, Pierre IV oubliait ce noble précepte aussi souvent que le duc d'Anjou, le roi de France et les autres princes de l'époque, peut-être même plus souvent encore qu'eux tous.

1. Reg. 1218, fol. 10.

Le roi d'Aragon n'est pas très satisfait à ce moment-là de la manière d'agir de Francesch de Perellós et, par lettre du 18 septembre, il lui ordonne de faire comprendre énergiquement au duc d'Anjou *pregan et requerinlo de part nostra*, qu'il ne doit pas laisser les auxiliaires d'Henri de Trastamare se préparer en toute tranquillité, lui adresse aussi des remontrances au sujet de la forme inusitée de sa dernière lettre :

De la letra quens hauets tramesa sens canalar, segons que porets veure, car dins la present la us remetem, nos marauellam qual es la raho per que lans hauets axi tramesa, car vos nou hauets acostumat, pero pensam queu haiats fet per tal con vos hauem heretat en Arago (il lui avait donné le vicomté de Roda) et volets semblar als aragoneses, qui null temps fan en lurs letres canelar, *e valria més que en altres coses bones los volguessets semblar.*

Cette invective finale est très significative et permet de se demander si le roi trouvait dans la forme inusitée de la lettre du vicomte de Roda l'indication de quelque intrigue favorable au duc d'Anjou et à sa politique.

Pierre IV partit de Saragosse le 21 septembre; le 23 il se trouvait à Pina, prêt à revenir dans sa capitale pour y organiser rapidement un corps d'armée à opposer aux compagnies d'Henri de Trastamare, qui commençaient à passer les Pyrénées. Mais une maladie de la reine l'obligea à séjourner quelques jours de plus dans ce village. Le 9 octobre les royaux époux sortirent de Pina et par Sastago arrivèrent au monastère de Rueda. Le 13 ils étaient à Caspe et le 16 à Mequinenza.

C'est le 4 octobre que Pierre IV envoya Francesch de Sant Climent comme ambassadeur spécial au Prince de Galles, pour l'informer de la prorogation de la trêve avec la Castille et des mesures prises pour empêcher Henri de Trastamare de passer par ses états; parmi les mesures on doit citer l'ordre donné à Elfo de Próxida de poursuivre avec trois galères les vaisseaux au service du bâtard castillan [1].

1. Reg. 1218, fol. 26.

Malgré tout, Pierre IV ne voulait pas employer une sévérité extrême et le bruit de ses préparatifs suffisait à contenter et à satisfaire Pierre de Castille, sans qu'il fût besoin d'en arriver à la rupture complète avec Henri et ses protecteurs. C'est ainsi que par lettre du 5 octobre, Pierre IV avait écrit à Pons Descatllar, viguier de Cerdagne, que les Castillans des compagnies d'Henri de Trastamare que le dit officier royal avait fait prisonniers à son entrée en Catalogne, devaient être mis dans de bonnes prisons, sans vexations inutiles, et en leur laissant leurs vêtements et leur argent. En même temps Pierre IV témoignait une grande satisfaction du renouvellement de la trêve avec Pierre de Castille et ordonnait aux magistrats de Calatayud, Daroca, Teruel et Tarazona et au gouverneur de Valence de ne tolérer aucune hostilité aux frontières; et quand il fut informé que l'évêque de Saragosse et ses hommes avaient pénétré sur le territoire castillan pour combattre le roi Pierre, il fit punir tous ceux qui avaient pris part à cette audacieuse expédition.

Le 10 octobre, le roi ordonna au comte d'Urgell et à l'évêque de Lérida, de se présenter à Mequinenza pour être consultés sur les affaires politiques, et trois jours après il écrivit à son protonotaire Jaume Conesa, de se faire porter *en andas*, sur un brancard, à Lérida, pour se joindre aux autres ambassadeurs et de se diriger vers la vallée de Breoto, où aurait lieu la conférence avec les envoyés du prince de Galles. Mais l'évêque de Lérida tomba malade et le roi écrivit à Ramon Perez, officier royal de ladite vallée, d'informer les commissaires anglais que les envoyés catalans auraient un retard de trois ou quatre jours. Leur départ ne tarda guère, puisque le 3 novembre Pierre IV leur adressait des remontrances au sujet de leur silence à son égard.

La sympathie s'affermissait entre Pierre IV et le Prince de Galles. Jean de Brayton, procureur d'Huch de Calverley, se présenta au roi d'Aragon, à Pina, le 8 octobre, et il obtint immédiatement la permission « per pendre possessio dels castells et lochs de Ecla et de la Mola, en regne de Valencia constituits, los quals nos haven dats al dit noble ». Le Prince de Galles et le duc de Lancastre écrivirent au roi d'Aragon pour obliger le noble Aragonais Pedro Jordan de Urries à payer sa rançon, comme prisonnier de la bataille de Najera, et Pierre IV s'efforça d'arranger cette affaire à l'amiable.

D'autre part le roi d'Aragon ne ménageait pas les témoignages de considération envers Du Guesclin. Le 2 octobre il écrivait aux députés aragonais : « Por parte del noble Beltran de Clequin, conte de Boria, nos es estado proposado que los hombres suyos de Boria et de Magallon han pagado en tiempo passado muyto mas que no deuian en algunas profertas del dito Regno e como sia de razon que sobre aquesto los sea feyta justicia » ; et il ordonne de faire une déduction équitable. Et le 29 du même mois, il adresse à Du Guesclin la lettre suivante :

Lo Rey ; mossen Bertran, vostres letres hauem reebudes per les quals hauem entes la fermança que vos hauets feta de vostra preso, de la qual fermança hauem haut molt gran pler e quant es aço quens fets saber que vullam donar tot ço que nos vos deuem a mossen Guillem Delameny, vos responem que nos trametem nostre embaxador al Rey de Ffrança per hauer aquells cent mille florins quens deu, dels quals volem et hauem manat que vos siats pagat..... e siats cert que nos hauem haut molt gran despler com açi de present no us hauem pogut pagar per tal cor vos nos hauets seruit en tal manera *quens tenim per mes tenguts a vos que a altra persona del mon.*

Il dit encore qu'à ce moment-là il devait consacrer tout son argent à la guerre de Sardaigne.

Le 17 octobre, Pierre IV partit de Mequinenza et le lendemain il entrait à Lérida. Le 20 il coucha au monastère de Poblet, le 21 à celui de Santa Creus; le 23 il passa par Vilafranca de Penedés et le 28 il était déjà à Barcelone, où il reçut une lettre du Prince de Galles le priant d'excuser ses ambassadeurs de n'avoir pu se trouver au lieu fixé pour les conférences à la date convenue. Il semble que le Prince ait fait quelques observations au roi d'Aragon de n'avoir pas su arrêter les troupes d'Henri de Trastamare. Pierre IV répondit au Prince qu'il acceptait les excuses et que, en ce qui concernait le passage des compagnies françaises, il avait déjà chargé Mossen Francesch de Sent Climent de lui donner des explications.

Le même jour, le roi écrit au viguier de Cerdagne de lui envoyer à Barcelone « ab feels guardes ben guardats ensemps ab qualsevol besties, robes, joyes et altres coses que daquells tenits o detenir fets Mossen Garcia de Logran, Sancho Ferrandez, Nicholas Lopez et Domingo Johan et qualsevol altres de companya del Rey don Enrich los quals vos o alguns de vos segons ques diu detenits preses ». Pour montrer aussi sa loyale neutralité, Pierre IV avait écrit, le 7 octobre, à Garcia Lopez de Sesse, lieutenant du gouverneur d'Aragon :

Entendido hauemos de cierto que el maestro de Calatrava don Pedro Munyiz et el noble don Gonzaluo Gonçaluez de Luzio et muytos otros assi nobles caualleros et escuderos como otros naturales nuestros se son idos enta las partes de Castella, por fazer danyo al Rey don Pedro de Castella et a sus regnos et terras, no queriendo tener ni guardar la tregua... por que nos queriendo poner escarmiento sobre aquesto, dezimos et mandamos vos, dius pena de perder la cabeça, que encontinent vista la present, tomedes a vuestras manos qualesquiere castiellos et lugares que el dito Maestre e otros de su orden, qui se an idos á las ditas partes por semblant razon, hayan dentro vuestra senyoria [1].

Le monarque catalan envoya, peu de jours après, en Castille, son huissier Francesch Çagarriga, donner des explications sur l'expédition du Maître de Calatrava au roi Pierre le Cruel et pour contraindre ses sujets ou ses vassaux qui étaient au service du bâtard castillan, à rentrer en Aragon.

A la fin du mois d'octobre ou au commencement de novembre, le duc d'Anjou envoya à la Cour de Barcelone le religieux dominicain Pierre Bovet, pour traiter des affaires de Castille, *les besunyas de Castella et en quina prosperitat lo rey don Enrich devia venir*. Pierre IV répondit par lettre du 12 novembre 1367, lui donnant quelques nouvelles de la guerre civile castillane et l'infor-

1. Reg. 1219, fol. 27.

mant de la continuation des négociations avec le Prince de Galles : *molt car cosi, los nostres missatgers son en la ciutat de Tarba ab aquells del Princep e encara nos no hauem neguna nouella de ço que ells han fet, mas be volem que sapiats que nos hauem guardat e guardarem ço que deuem envers lo Rey vostre frare* [1] ».

Nous nous arrêtons ici. Les conférences de Tarbes n'eurent pas de résultats bien importants, ainsi qu'on peut le voir dans les *Anales* de Zurita [2]. Sitôt que le roi d'Aragon fut d'accord avec le prince de Galles pour accorder une protection décisive à Pierre le Cruel et pour écraser Henri de Trastamare (si le premier consentait à la cession de Murcie et de la Biscaye), la France éprouva de la défiance et de la colère ; mais Pierre IV sut apaiser promptement Charles V et conserver son amitié. La période des négociations diplomatiques de la France avec l'Aragon au sujet des affaires de la Castille et de la Navarre était fini. Les embarras intérieurs de la France attirèrent l'attention de Charles V sur un autre point. Ce monarque se préparait à recommencer la guerre contre les Anglais; et le duc d'Anjou était occupé par l'invasion de la Provence et par ses démêlés avec la reine Jeanne. Pierre IV put donc conclure librement des prolongations successives de la trêve avec Pierre le Cruel et attendre avec moins de frayeur et de danger le dénouement du drame que jouaient les deux fils d'Alphonse XI.

Nous estimons que le plus grand service rendu par Pierre IV à ses peuples fut le refus ferme et prudent qu'il apporta aux instances réitérées du roi de France, du duc d'Anjou et du vicomte de Roda de déclarer la guerre aux Anglais, aux Castillans et aux Navarrais. après le désastre de Najera. Il ne se laissa pas séduire par de belles promesses pour tourner l'activité guerrière du Prince Noir dans la péninsule au profit exclusif de Charles V.

---

1. Reg. 1219, fol. 82.
2. Livre IX, chap. 71 ; pour les négociations postérieures avec la France, voir livre X, chap. 2 et 3.

La rébellion de la Sardaigne, les menaces d'insurrection des partisans du roi de Majorque et le manque absolu d'argent ne permettaient pas à Pierre IV de dangereuses aventures du côté de l'Occident; mais malgré ces raisons, on ne saurait s'abstenir de rendre hommage à la sagesse et à l'habileté politique du roi d'Aragon, à sa manière d'agir et à son intervention dans le conflit international produit par la querelle de Pierre de Castille et de son frère Henri de Trastamare.

Joaquin Miret y Sans

MACON, PROTAT FRÈRES, IMPRIMEURS

www.ingramcontent.com/pod-product-compliance
Ingram Content Group UK Ltd.
Pitfield, Milton Keynes, MK11 3LW, UK
UKHW021144220726
13924UKWH00003B/1014